A HISTÓRIA DA FILOSOFIA

A HISTÓRIA DA FILOSOFIA

ANNE ROONEY

M.BOOKS

M.Books do Brasil Editora Ltda.

Rua Jorge Americano, 61 - Alto da Lapa
05083-130 - São Paulo - SP - Telefones: (11) 3645-0409/(11) 3645-0410
Fax: (11) 3832-0335 - e-mail: vendas@mbooks.com.br
www.mbooks.com.br

Dados de Catalogação da Publicação

Rooney, Anne – A História da Filosofia: da Grécia Antiga aos tempos modernos / Anne Rooney.

São Paulo – 2015 – M.Books do Brasil Editora Ltda.

1. História 2. Filosofia 3. História Geral

ISBN: 978-85-7680-249-5

Do original: The Story of Philosophy
Publicado originalmente em inglês pela Arcturus Publishing Limited.

Editor: *Milton Mira de Assumpção Filho*
Tradução: *Maria Lúcia Rosa*
Produção Editorial: *Carolina Evangelista*
Revisão Técnica: *Tomás Troster*
Capa: *Zuleika Iamashita*
Coordenação Gráfica: *Silas Camargo*
Editoração: *Crontec*

2015
M.Books do Brasil Editora Ltda.

Sumário

INTRODUÇÃO

A vida EXAMINADA

"O que realmente sinto falta é de ter clareza mental do que devo fazer (...) o segredo é encontrar uma verdade que seja verdadeira para mim, encontrar a ideia segundo a qual eu possa viver e morrer."

Søren Kierkegaard,
Diários (1836)

Filosofia é apenas pensar; qualquer um pode fazer isso. E você nem precisa estar vestido...

A história da Filosofia começa na Grécia Antiga, no século VI a.C.

Ainda que pretenda encontrar "verdades universais", o negócio da Filosofia é encontrar – no mínimo – "a verdade que vale para mim". Isto não é um luxo ou uma busca incompreensível empreendida por aqueles que têm tempo para se sentarem em uma torre de marfim. É uma ferramenta que ajuda os homens a decidirem como viver, como suportar o infortúnio, como pensar sobre o mundo à volta deles e como relacionar-se com os outros.

É essencialmente fazer perguntas – as perguntas mais indecifráveis já imaginadas. Os filósofos têm feito questões como: "O que é a realidade?"; "Deus existe?"; "Como podemos saber se algo é verdadeiro?"; "O que é virtude?"; "O que é 'certo' ou 'errado? É o mesmo para todas as pessoas, em todos os lugares e épocas?"

Isso é importante?

Você pode achar que consegue viver sem decidir o que é realidade, mas ainda tropeçará na Filosofia, em questões que surgem para todas as pessoas que pensam na vida:

- Os animais têm direitos?
- Devemos permitir que pessoas doentes morram, quando elas fazem essa opção?
- Se a privação social leva uma pessoa a cometer um crime, ela deve ser punida?
- Consideraremos grave o crime de sonegação de impostos?
- As pessoas têm o direito de dizer coisas que incomodem as outras?

A Filosofia nos fornece uma estrutura e ferramentas para tratar de questões como estas.

> *"Uma vida não examinada não vale a pena ser vivida."*
>
> Platão (c. 427-347 a.C.)

FAZENDO PERGUNTAS

A história da Filosofia é um livro de perguntas e algumas das tentativas de respondê-las ao longo de 2.500 anos da história da Filosofia ocidental. Perguntas filosóficas não são suscetíveis a uma única resposta correta ou "verdadeira". Tentar respondê-las é uma tarefa repleta de dificuldades, porque os filósofos não concordam sobre o que constitui a "verdade", o que significa "saber" alguma coisa, ou mesmo

> *"Duvido, logo penso, logo sou."*
>
> René Descartes, *O discurso sobre o método* (1637)

quanto às palavras que usamos para expressar as perguntas e as respostas.

Ao discutir questões profundas que podem nos ajudar a encontrar "a ideia segundo a qual posso viver e morrer", estamos dando continuidade a um diálogo que começou com Sócrates (470-399 a.C.), filósofo da Grécia Antiga, e que é improvável que seja concluído. Com o passar do tempo, o mundo onde vivemos muda, e os parâmetros do debate se alteram. Embora o mundo hoje seja bem diferente daquele que Sócrates conhecia, as perguntas que fazemos são muito parecidas. Ainda buscamos viver uma vida virtuosa, perguntamos se Deus existe e batalhamos para saber o que é verdadeiro sobre o mundo à nossa volta. Mas os avanços no conhecimento científico, a exposição a sociedades e a culturas muito diferentes existentes no mundo, e estruturas sociais em constante mudança têm alterado a direção do debate.

Os gregos antigos tinham uma firme convicção de que seus deuses existiam. Assim como os modernos cristãos, judeus, muçulmanos e hindus acreditam que seus próprios deuses existem.

Uma lata cheia de minhocas

"Nada existe. Se existisse algo, ninguém o poderia conhecer. Se alguém o conhecesse, não o poderia comunicar."

Essa visão desoladora da insignificância da existência elaborada pelo pensador sofista grego Górgias (c. 485-375 a.C.) faz a Filosofia parecer um esforço bastante estéril e sem esperança. Mas é um ponto de partida, que o filósofo francês René Descartes usaria dois mil anos depois, quando se dispôs a determinar o que existe, se existe algo e como podemos ter certeza disso. Antes de começarmos a examinar como os filósofos abordaram a questão da existência, faremos uma pausa para pensar sobre o "ser" e o "conhecer", pois é impossível separar os dois – embora sejam tratados separadamente daqui em diante.

Ser e conhecer

O que você acredita que existe:

- Você mesmo?
- A última pessoa com quem você falou?
- As roupas que você está usando?

Se você confia na evidência de seus sentidos, e em sua memória e crê na existência continuada de algo, mesmo que esse algo desapareça de sua visão, acreditará que tudo isso existe.

Mesmo para aqueles que se questionam casualmente, no entanto, a existência de algumas coisas, claramente, não é certa. Aqui estão algumas coisas que provavelmente você nunca viu, quais delas você acredita que existam:

- Narvais?[1]
- Átomos?
- O Abominável Homem das Neves
- Deus?
- Fadas?

Muitas pessoas acreditam no que lhes dizem, se considerarem que as fontes são confiáveis. Provavelmente você acredita que eu existo, pois alguém deve ter escrito este livro e se não fosse o "eu", cujo nome está na capa, seria um "eu" que é outra pessoa.

Mesmo que você não os tenha visto, outras pessoas viram narvais – você pode ver vídeos deles no YouTube, ler sobre a biologia deles, ver imagens na TV. Seria necessário haver uma grande conspiração para um grupo ter inventado os narvais e manter a fraude durante séculos. De fato, é mais fácil admitir a existência deles (mas isto, em si, não é evidência, de fato, que eles existam).

Uma parte da população acredita que a ciência estabelecida faz um relato preciso do mundo. Nós nunca vimos os átomos, mas existem muitas evidências, que fazem muito sentido, sustentam a existência deles.

Há sinais que poderiam ser tomados para corroborar a existência do Abominável Homem das Neves, mas eles podem ter sido mal interpretados. Ninguém o viu. E como ele seria visível se existisse, isto lança dúvida sobre sua existência – mas não prova que ele não exista.

O que dizer sobre Deus? Algumas pessoas têm a firme convicção de que Deus existe, assim como acreditam em sua própria existência. Outras negam a existência de Deus. Menos pessoas acreditam em fadas – mas algumas acreditam, e antigamente o número dos que acreditavam era maior. As evidências físicas e concretas da existência

FOCO NOS FILÓSOFOS

O filósofo grego Aristóteles (384-322 a.C.) diria que certamente temos evidências suficientes para concordar que narvais existem.

O filósofo anglo-irlandês George Berkeley (1685-1753) diria que ver um narval não é evidência irrefutável da sua existência.

A maioria das revoluções é justificada em nome da liberdade ou da igualdade. Mas o que são "liberdade" e "igualdade"? E elas são sempre as mesmas de uma época para outra?

[1] "Mamífero cetáceo (*Monodon monoceros*) da família dos monodontídeos, encontrado especialmente no oceano Ártico, com cerca de quatro metros de comprimento, corpo de colorido mosqueado, cinzento e branco, sem nadadeira dorsal; machos dotados de uma ou, mais raramente, de duas longas presas, retas e pontiagudas, projetadas para frente; licorne-do-mar, unicorne-do-mar, unicórnio-do-mar." (*Dicionário Houaiss Eletrônico*. Objetiva: São Paulo, 2009)

SE ACREDITAMOS QUE É VERDADE, ENTÃO, É VERDADE

A "realidade consensual" é a realidade construída socialmente. Se um número suficiente de pessoas acredita que algo existe, isto é tratado como realidade. Durante toda a História, as pessoas que rejeitavam a realidade consensual eram ridicularizadas, ostracizadas, tratadas como más ou como potencialmente criminosas, foram exiladas e até mesmo mortas. Particularmente, em uma comunidade estritamente religiosa, a realidade consensual é a de que Deus existe, e quem não compartilha dessa concepção pode até ser perseguido.

de Deus são tão nulas quanto as da existência de fadas. No exemplo, temos outra fonte de "evidência" – a convicção pessoal ou o instinto. Às vezes, uma crença mantida com firmeza é mais convincente para um indivíduo que a evidência da ciência ou da razão.

Vamos tornar isso um pouco mais difícil. Qual destes você acredita que existe:

- Uma conversa que você teve na semana passada?
- Justiça?
- O buraco de uma rosquinha doce?
- Um poema que você criou, que está na sua cabeça, mas que não escreveu nem falou em voz alta?

Agora estamos na esfera de coisas que logicamente temos de dizer que não existem e, no entanto, achamos que elas têm algum tipo de existência. Nós nos confrontamos com o problema do que significa "existir", o que é "ser" e o que a palavra "existir" simboliza para nós?

Uma conversa que você teve na semana passada causou vibrações no ar, que agora se dissiparam. Produziu mudanças químicas e elétricas em seu cérebro, e no dos outros participantes, que agora se foram. No entanto, ela existe em sua memória e na memória dos outros membros.

A "justiça" não tem existência concreta. Existe puramente como um conceito nas mentes das pessoas, e é consagrada nas leis. Não há um acordo universal sobre o que consitui a justiça.

O buraco em uma rosquinha é a ausência da rosquinha, isto é, em vez de ser parte dela, é uma área de "não rosquinha". Mas, sua mão também é uma área de "não rosquinha". Entretanto, o buraco é um buraco porque nós o percebemos como um vazio no que deveria ser

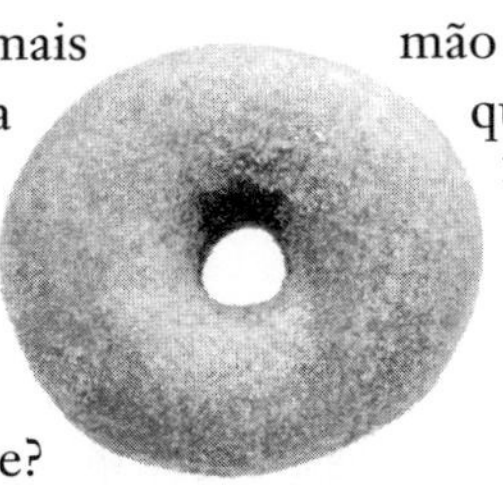

O buraco na rosquinha existe?

QUE SEJA...

Como a maioria das disciplinas, a Filosofia tem seu próprio jargão. Mas, às vezes, os filósofos também usam palavras comuns de maneiras que as tornam difíceis de entender. Portanto, em vez de dizer "O que existe? E por que 'isto' existe?", um filósofo diria "O que existe? E por que o que existe existe?". Tal construção é mais precisa, mas é mais difícil de entender. O que denominei por "isto" é, na verdade, "o que existe agora, ou o que existiu no passado, ou o que existirá no futuro". Por conveniência, e porque na Filosofia podemos inventar expressões, nós chamaremos isso de *"que/seja"*.

o espaço da rosquinha (como já denominado, é a "não rosquinha"). De fato, o buraco é apenas ar, mas é definido pelo que está em volta dele: o contexto da rosquinha o torna uma "não rosquinha".

Pense em um poema que você criou, mas não escreveu. Ele existe em sua mente até que você o esqueça ou que você morra. Ele tem alguma forma de existência (a) agora, e (b) quando você o tenha esquecido ou morrido? E se você esquecesse dele e se lembrasse mais tarde? Ele teria existido nesse meio-tempo?

FOCO NOS FILÓSOFOS

Platão diria que existe uma Forma Ideal de justiça, que todas as tentativas humanas de fazer justiça lutam para alcançá-la, mas nunca a atingiram.

O escritor francês Michel de Montaigne (1533-1592) diria que a justiça é diferente em sociedades diferentes e nenhuma versão é melhor do que outra em termos absolutos.

O SHOW DE TRUMAN

O show de Truman (1998) é um filme de Peter Weir em que um vendedor de seguros descobre que sua vida inteira foi um show de TV e nada do que ele supôs que fosse real é, de fato, real. Em seu trigésimo aniversário, Truman começa a notar anomalias em sua "realidade" e a investiga, antes de tentar escapar de seu mundo falso.

Logo, parece que algumas coisas "existem" como palavras ou conceitos (ideias), mas não como fenômenos físicos.

Como podemos ver, ter certeza de que algo existe não é tão simples quanto parece. Os filósofos dificultam ainda mais, questionando as bases de nossos julgamentos e crenças, e exigindo prova da existência de tudo, até mesmo para nossa mente investigativa, que existe antes de aceitar as suas próprias reivindicações.

Mesmo quando acreditamos na existência de algo, temos outra pergunta a fazer: "O que podemos saber sobre isto?". Podemos ver estrelas, mas elas seriam luzes paradas em uma esfera celeste, como os antigos acreditavam, ou bolas de gás que sofrem fusão nuclear, como os cientistas modernos nos dizem? "Como podemos saber o que é verdade?" Esse é o assunto da epistemologia, o estudo do conhecimento (*veja* o Capítulo 4).

Lidando com tudo isso

Quando aceitamos que existimos, temos de lidar com a vida. Como devemos viver? Existem leis morais universais que dizem como nós devemos nos comportar? Ou diferentes leis morais aplicam-se em distintas épocas, lugares e circunstâncias? Quer dizer, a moralidade é absoluta ou relativa? Algumas coisas parecem ser muito claras. Na maioria dos países é considerado errado matar pessoas. Mas, em alguns, ainda existe a pena de morte, o que endossa a "morte judicial". Existem pessoas que acreditam em uma "guerra justa" – que podemos ir para a guerra, causando inevitavelmente algumas mortes, em prol de uma "boa" causa, por exemplo, depor um tirano. As vítimas de um conflito bélico ou de uma execução judicial, em geral, não querem morrer e raramente têm escolha. E, o que dizer de pessoas doentes que pedem para morrer? É certo matá-las? A maioria dos países não permite a eutanásia. Como pode ser defensável travar uma "guerra justa" na qual uma criança que está brincando é morta acidentalmente, mas não ser "defensável" matar um adulto que sofre de dor crônica e incurável e que deseja morrer? As questões sobre o que é certo e errado, e de como fazemos escolhas morais, são o assunto da Ética (*veja* o Capítulo 5).

> *"Não quero julgar até onde meus esforços coincidem com os de outros filósofos (...) por isso não dou fonte alguma, posto que me é indiferente se o que pensei já foi pensado por alguém antes de mim."*
>
> Ludwig Wittgenstein,
> *Tractatus Logico-Philosophicus* (1921)

A questão de como viver pode ser tratada em nível individual e da coletividade. Quando isso se estende a questões sobre coesão social e lei, sobre como um grupo de pessoas deve ser governado, torna-se matéria da Filosofia Política (*veja* o Capítulo 6).

Contando a história

Assim como na Física não poderíamos ter tido Einstein sem primeiro ter tido Newton, tampouco na Filosofia haveria Aristóteles sem Platão, Nietzsche sem Schopenhauer, e assim por diante. É um fato comum nas sucessões dos filósofos que um pensador que incialmente tenha se inspirado em outro, acabe por romper com os paradigmas criados por seu antecessor. É impossível saber quando isso voltará a acontecer. De um lado, este livro não oferece respostas. De outro, no entanto, ele oferece respostas demais. Apresenta algumas das respostas que as gerações anteriores (e atuais) de filósofos propuseram, defenderam e, por vezes, descartaram. Ao fazer isso, esta obra fornece um ponto de partida para você encontrar respostas que lhe sejam adequadas – que podem conduzir "à ideia pela qual [você] pode viver e morrer".

RAMOS DA FILOSOFIA

Metafísica/Ontologia: o estudo da existência e do ser – o que existe? O que é existir?

Epistemologia: o estudo do conhecimento – o que podemos saber e como o sabemos?

Lógica: o estudo dos raciocínios válidos – que tipos de inferência são corretas?

Ética: o estudo das ações certas e erradas – o que devemos fazer?

Política: o estudo da força na sociedade – o que é permitido?

Estética: o estudo da arte/beleza – o que é arte? O que é o belo?

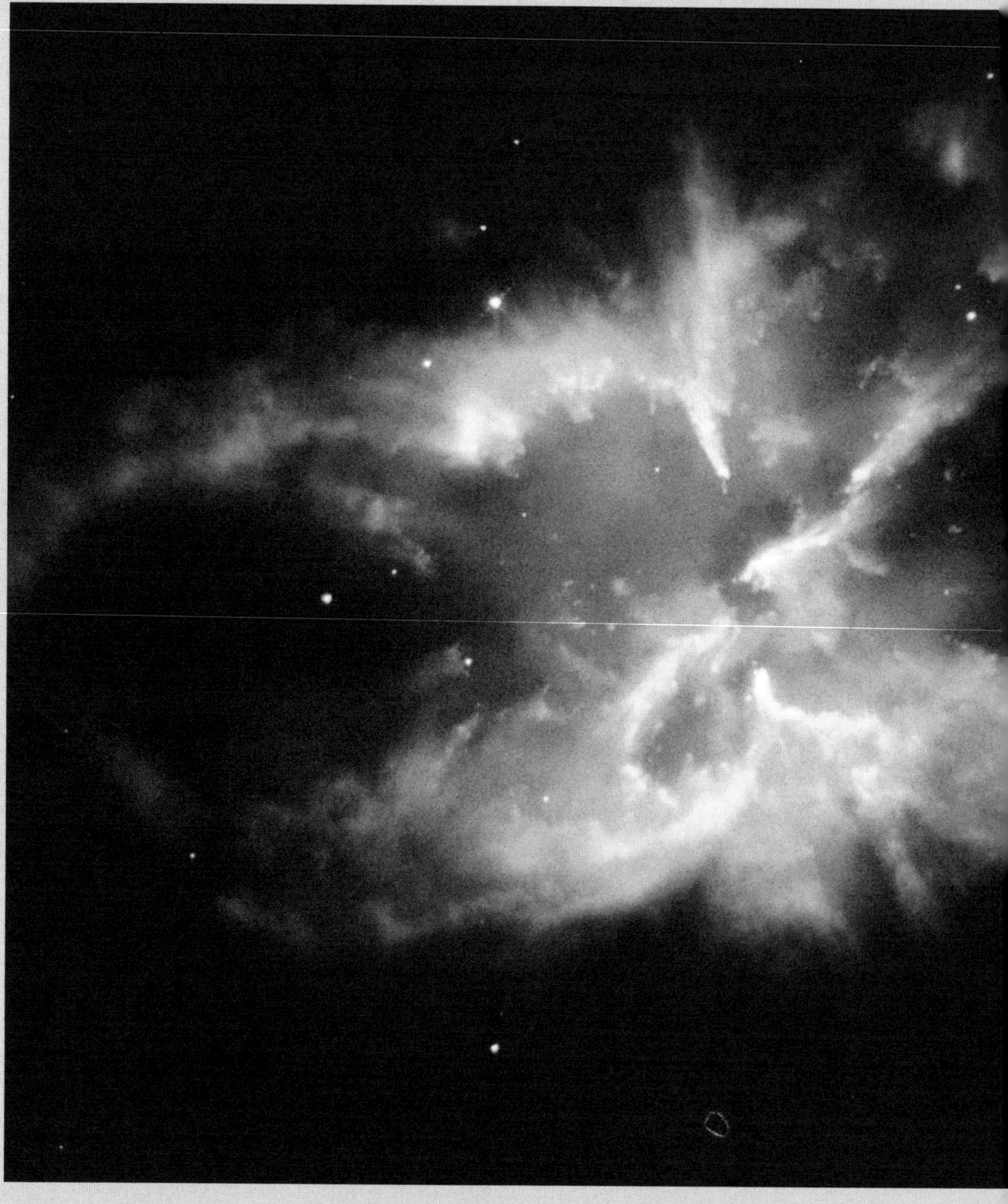

CAPÍTULO 1

O que EXISTE?

"Nada existe exceto átomos e o espaço vazio; o resto é opinião."

Atribuído a Demócrito
(c. 460-370 a.C.)

"A questão é: por que existe o ser e não o nada?"

Martin Heidegger
(1889-1976)

"O que existe" inclui esta nebulosa planetária a uma distância da Terra de 10.000 anos-luz?

A questão do "ser"

A natureza do "ser" tem interessado os filósofos há pelo menos 2.500 anos; provavelmente, há muito mais tempo. Embora o ser e a realidade sejam primos próximos, nem todos os filósofos concordam que sejam a mesma coisa. Como tantos termos em filosofia, eles estão abertos a discussão.

O "ser", no sentido da existência, aplica-se não apenas aos humanos, mas também ao mundo físico que nos cerca e ao mundo mental, emocional ou espiritual dentro de nós.

A realidade pode – ou não – ser algo que se estende para fora de nós mesmos. A forma como a realidade é construída (ou ainda, como nossas mentes constroem uma percepção da realidade), ou se ela se relaciona (e de que modo) a algo real "lá fora" são perguntas que tocam no cerne do ser e "do que existe". É possível que o que chamamos de "realidade" não exista.

Há alguém aí?

O filósofo grego Parmênides (c. 530-460 a.C.) foi um dos primeiros a tratar da questão "do que existe". Em um fragmento do poema "Sobre a natureza", Parmênides descreve a realidade como única, indivisível, homogênea e imutável. Apresentada como uma revelação concedida por uma deusa, o poema diz que é impossível conceber ou descrever algo que não existe, porque o simples ato de pensar nisso lhe concede uma forma de existência. Isto faz sentido, mas nos leva, imediatamente, a questionar o que queremos dizer por "ser".

Trabalhando a partir dessa ideia – que o simples pensar em algo significa que ele "exista" –, Parmênides apresentou a primeira dedução formal conhecida na história da filosofia ocidental.

Segue assim:

- ▶ Pensar em algo que "é" implica a existência de algo que "não é" – porque se dizemos que algo "é" um cachorro, isto implica que "não é" um gato.
- ▶ Mas, não podemos dizer que algo "não é", como Parmênides demonstrou.
- ▶ Portanto, não podemos dizer que algo específico existe (porque dizer que "é" algo implica que "não é" outra coisa).
- ▶ Finalmente, não podemos discriminar entre as diferentes coisas no mundo, podemos apenas vê-las como parte de uma realidade homogênea contínua que tem a propriedade de existir.

(Você poderia achar que isto é apenas um jogo de palavras. Se não tivéssemos palavras para "gato" e "cachorro", não teríamos o problema. Mas isto está mais de 2.000 anos a nossa frente, por enquanto.)

De forma semelhante, as coisas não podem mudar. Se podemos pensar na existência de algo no futuro, estamos atribuindo-lhe um tipo de existência em nossas mentes no presente. O mesmo acontece com o passado: se você se lembra de algo que ocorreu, esse algo existe em sua memória. De fato, tudo o que pode ser concebido existe, mesmo que seja apenas na mente de um indivíduo – e tudo faz parte de um todo eterno e imutável.

O bom, o mau e o feio: as formas ideais e o mundo inferior

Platão (c. 427-347 a.C.) adotou a visão de Parmênides de que a realidade é imutável e eterna. Mas, ele também reconheceu que não temos a experiência sensível do mundo dessa forma, e que essa disjunção entre como o mundo é e como ele parece deve ser explicada.

Platão concluiu que o mundo da experiência é ilusório. Existe, disse ele, uma

MONSTROS NÃO EXISTEM...

Suponha que você crie um monstro em sua mente. Você sabe que ele não existe "realmente" – ele não tem existência externa, física no mundo –, pois você acabou de inventá-lo. Mas, ao imaginar um monstro, você atribui-lhe certa forma de existência. Claramente, a existência no mundo, na mente e na linguagem, é bem diferente.

Podemos dizer que um gato existe porque os gatos nos são familiares no mundo real. Podemos dizer que um unicórnio existe, pois são retratados na literatura e na arte, com qualidades e aparência física estabelecidas. O monstro que você imaginou, sem nome, não desenhado, não articulado, tem alguma forma de existência? Em caso afirmativo, qual é? Esta questão ainda ocupa os filósofos nos dias atuais.

Os primeiros espectadores do filme de vampiro Nosferatu *(F. W. Murnau, 1922) sentiram medo real, mesmo sabendo que o vampiro não existia.*

esfera de "Formas Ideais" eternas, imutáveis, que age como modelo para tudo o que existe no mundo físico. O que encontramos com nossos sentidos são vários exemplos individuais ou cópias das Formas. Nenhuma delas é uma cópia perfeita. De acordo com Platão, embora haja muitos cavalos, gatos e cães, eles são todos feitos à imagem de uma Forma universal do "cavalo", "gato" ou "cão". Em uma analogia famosa, ele comparava os fenômenos que experimentamos às sombras projetadas na parede de uma caverna quando a luz das chamas ilumina os objetos. O ideal, ou Forma, é equivalente a um objeto que projeta uma sombra; mas nós conseguimos ver apenas a sombra e nunca o objeto em si. Nem temos ciência de que o que vemos não é a "realidade". Isto torna Platão um idealista – alguém que acredita que "realidade" é o que acontece dentro da mente ou do espírito: não o mundo físico à nossa volta, que só é criado por nossas mentes que lutam para compreender a realidade.

Como Platão estendeu a Teoria das Formas a tudo, segue-se que todos os indivíduos são feitos à imagem da Forma universal do ser humano. Foi fácil para os pensadores cristãos trabalharem com essa proposição posteriormente, pois se encaixa com a doutrina cristã de que todos os humanos são feitos à imagem de Deus. Isso ajudou um dos fundadores da Igreja cristã, Agostinho de Hipona (354-430 d.C.), conhecido internacionalmente como Santo Agostinho, a adaptar a metafísica de Platão para um esquema cristão e assegurar a influência duradoura do filósofo grego sobre a filosofia europeia.

A ALEGORIA DA CAVERNA

Em seu famoso diálogo *A República* (c. 380 a.C.), Platão descreve pessoas que passaram a vida toda acorrentadas dentro de uma caverna. Elas só conseguem ver sombras projetadas nas paredes pela luz de uma fogueira, enquanto outras pessoas se movem em volta, fora de sua visão, carregando objetos. Essas sombras se parecem com as figuras de animais esculpidos. As pessoas acorrentadas têm ideias sobre a natureza da realidade, mas todas as suas ideias se baseiam nas sombras que veem e no que podem deduzir delas. Se uma pessoa se libertasse e visse o mundo como realmente é, primeiro ficaria cega diante da luz e confusa com o que viu, e acharia difícil adaptar-se. Se, então, voltasse à caverna, acharia difícil convencer os outros de que o que veem não é a realidade. Eles resistiriam ao que dissesse, e até a considerariam louca. Segundo Platão, essa pessoa que escapa é como o filósofo que tenta ver as Formas além das sombras – a verdadeira realidade que reside por trás do que vemos.

Platão não restringiu sua teoria aos objetos físicos. Ele também pensou que havia formas ideais de conceitos como beleza, justiça e verdade, e mesmo de ideias matemáticas como número e classe. Recentemente, no século XX, Gottlob Frege (1848-1925) e Kurt Godel (1906-1978) endossaram esse aspecto dos pensamentos de Platão, considerando que os números têm realidade absoluta como Formas.

Platão sustentava que havia uma esfera, à parte do universo físico observável, onde essas formas pairavam. Onde pode ser isso? Uma possibilidade é que elas estariam fora do tempo e do espaço. Mais tarde, neoplatonistas, como Plotino e Santo Agostinho, alegaram que essas formas residem na mente de Deus.

O PROBLEMA DOS UNIVERSAIS – OU "EXISTE ALGO COMO O VERMELHO?"

Guilherme de Ockham (1288-1348), filósofo inglês, adotou uma visão diretamente oposta a de Platão. Ele afirmava que os universais não existem fora do entendimento humano, e que termos como "a vermelhidade", (o vermelho como atributo) ou mesmo "homem" são apenas maneiras de agrupar muitos objetos individuais. Na realidade, existem apenas indivíduos, e todos os tipos de classificação são impostos e artificiais.

Na terminologia moderna, isto torna Ockham um *nominalista* – para quem o único sinal da existência de universais é o nome dado a alguma coisa. Platão, por outro lado, foi um *realista* – alguém que acredita na existência dos universais.

O filósofo grego Aristóteles também foi um realista, mas de um modo diferente. Aristóteles acreditava que os universais só tinham existência se fossem "instanciados"

"FILOSOFÊS": NOMINALISMO

O **nominalismo** afirma que conceitos não físicos como "justiça", "verde" ou "doze" não têm existência além das palavras que os nomeiam. É possível ter um caso radical de nominalismo ou apenas um nominalismo brando.

Os **nominalistas de predicado** dizem que coisas verdes são verdes apenas porque o predicado verde é aplicado a todas elas (um predicado é uma palavra que descreve uma propriedade de um sujeito). "Verde" só existe enquanto palavra, e não há nada além do uso da palavra que una coisas verdes. Isto deixa sem resposta como decidimos aplicar a palavra "verde" a alguma coisa, mas permite que duas pessoas possam não ter a mesma experiência quando olham para algo "verde".

Os **nominalistas de semelhança** dizem que as coisas são chamadas "verdes" se lembrarem suficientemente um exemplar de "verde" (Forma Ideal de Platão) e se a semelhança for maior com este do que com outro exemplar concorrente, como o "roxo".

(ou seja, se houvesse instâncias tangíveis reais deles), enquanto Platão acreditava que os universais como a infância, a crueldade e a castidade existiam; mas, para Aristóteles eles não existiam, pois não podiam ser instanciados – não havia exemplos tangíveis reais como referência.

"FILOSOFÊS": NEOPLATONISMO

O neoplatonismo é uma filosofia que segue o trabalho de Platão, mas se adaptou e se estendeu a ele, enfocando aspectos espirituais e místicos. Em geral, atribui-se a Plotino (c. 204-270 d.C.) o início do neoplatonismo.

Tudo, nada ou alguma coisa?

Discípulo de Platão, Aristóteles adotou a posição que era padrão para a maioria das pessoas em seus afazeres diários no mundo. Ele defendia que a realidade existe independentemente da mente humana, e forma o mundo de objetos físicos e fenômenos que encontramos à nossa volta. Para Aristóteles, a matéria existe e a ela é dada uma "forma substancial" por algum tipo de "princípio organizador", que dá aos diferentes tipos de matéria suas propriedades distintivas e "potencialidades" ou poderes. Logo, o material físico que compõe tudo, desde mesas a girafas, é o mesmo, porém, a "forma substancial" dá a algumas coisas a "natureza da mesa" e a outras a "natureza da girafa".

Para resumir, existem duas posições opostas em relação à realidade:

- **Idealismo (Platão)**: tudo o que experimentamos no mundo e pensamos ser realidade é uma ilusão criada por nossos sentidos imperfeitos; a esfera de Formas Ideais não nos é diretamente acessível.
- **Realismo (Aristóteles)**: o mundo externo existe independentemente dos seres humanos estarem presentes para vivenciá-lo. Os universais existem somente quando são instanciados – logo, se todas as coisas vermelhas desaparecessem, o próprio vermelho não existiria mais.

Estas duas posições básicas deram origem a variantes e a ênfases diferentes desde a Grécia Antiga. Entre os extremos polares do idealismo e do realismo, existe uma posição dualista que permite que tanto a matéria quanto algo insubstancial existam. De fato, o dualismo é mais do que uma única posição – muitas são as variantes. Mas, em essência, o dualista vê uma distinção entre o mundo físico e o não físico (principalmente, mas não exclusivamente, em termos do humano), por isso tenta construir pontes entre eles. A questão que mais preocupa

Aristóteles, que estudou sob orientação de Platão, acabou discordando de muitas ideias de seu mentor.

os dualistas é: "como o mundo físico pode interagir com o não físico, e vice-versa?". No entanto, todo dia o bom senso nos diz que isso acontece. Se você cai e quebra uma perna, isso causa lesão física e dor. Também pode deixá-lo chateado, frustrado, irritado – estados mentais aparentemente causados por um estado físico ou por um acontecimento. O dualismo é tratado mais detalhadamente no Capítulo 3.

Sobre ser de verdade

Com Aristóteles, os filósofos pararam de olhar para o "ser" *em si*, e começaram a considerar como podemos *saber* o que existe. E só em 1927, o filósofo alemão Martin Heidegger (1889-1976) sugeriu que a filosofia ocidental tinha se concentrado nas questões erradas desde a era de Platão. Enquanto a metafísica de Platão e a epistemologia de Aristóteles centraram-se no que

REALIDADES MÚLTIPLAS

O filósofo americano David Kellogg-Lewis (1941-2001) foi além do conceito de "tudo ou nada" e optou por uma posição "ainda mais que tudo". Adaptando a teoria de "muitas palavras", proposta pelo físico Hugh Everett, ele alegava que todos os mundos possíveis existem e são reais, embora separados no tempo e no espaço (logo, você não pode escorregar para um mundo paralelo se as coisas dão errado para você aqui). Ele acreditava que todos esses mundos têm realidades concretas equivalentes. Kellogg considerava que um entendimento inato desse estado de coisas é evidente, uma vez que acharíamos verdadeiras as declarações como a seguinte: "Se eu tivesse comido aquele sanduíche velho, teria ficado doente" (em termos filosóficos, tal afirmação é um "condicional contrafactual"). A afirmação supõe que haja outro mundo no qual "eu" comi o sanduíche e fiquei doente.

Na teoria de "vários mundos", existem mundos em que a Alemanha venceu a Segunda Guerra Mundial, mundos em que os dinossauros não foram exterminados e mundos onde você nunca nasceu.

existe, no que podemos saber sobre o que existe e quais são as propriedades dessas "coisas". Heidegger disse que precisamos dar um passo atrás e perguntar primeiro o que queremos dizer por "existência" ou "ser". Ao focar na questão "O que é o ser?", ele percebeu que também precisamos perguntar "Por que existe algo em vez do nada?" Se estivéssemos concebendo a filosofia do zero, estas seriam as primeiras perguntas a fazer. Heidegger decidiu anular o legado filosófico dos 2.500 anos precedentes, e começar de novo.

Aristóteles falou do "ser como tal", significando a essência do ser sem referência a qualquer tipo específico de ser (nem o "ser" que é vivente – "uma pessoa ou um cão", diz – nem o "ser" que é existência inanimada – uma mesa ou caneta). Heidegger começaria daí.

O SER NO MUNDO

Heidegger usou o termo *Dasein* – "ser-aí" – para o ser que existe[1]. Ele rejeitou a ideia de que existe um mundo externo separado de um observador consciente (a posição do dualismo cartesiano). Em vez disso, ele desenvolveu uma visão *fenomenológica*, na qual nosso entendimento das coisas ocorre sempre em relação a nós mesmos. Por exemplo, se você coloca um agasalho é porque este o manterá aquecido, ou porque você acha que ele lhe cai bem. Não é porque o agasalho é feito de fios retorcidos e tem poucos milímetros de espessura – isso não tem interesse, nem relevância para você. Isso também se aplica ao conhecimento. Poderíamos ler um livro sobre política porque ele nos interessa, ou porque o entendimento do tema nos ajuda a compreender o que vemos acontecer no mundo. Nós o vemos como uma ferramenta, ou como uma satisfação.

Heidegger percebia o *Dasein* (principalmente o "ser" humano) como totalmente imerso e como parte do mundo que o define. Não é possível separar a consciência do ambiente.

"Ser-aí" significa que "aí" – nosso contexto – é o aspecto definidor de "ser". Não estamos isolados do mundo, dentro de uma mente fechada – o que Heidegger chama de "gaiola da consciência". Para ele, a distinção entre "lá fora" no mundo e "dentro" (nossas mentes) não é válida.

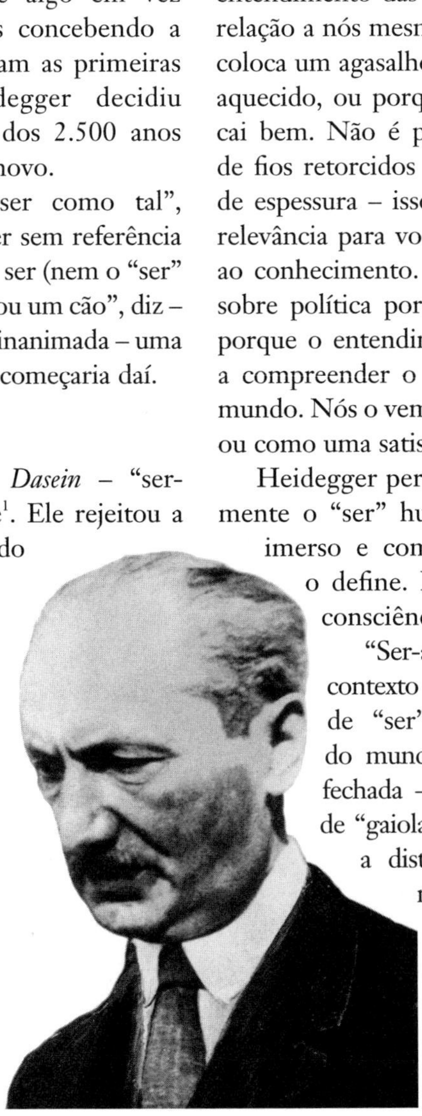

Martin Heidegger é considerado um dos maiores filósofos do século XX.

"FILOSOFÊS": METAFÍSICA

Metafísica significa "além da física". Esse ramo da filosofia lida com questões sobre o ser, a realidade e a existência. É o que Aristóteles chamou de "primeira Filosofia".

[1] Na versão brasileira da editora Vozes, a tradutora Márcia de Sá Cavalcante opta por substituir a expressão "ser-aí" por "pre-sença" na tradução da palavra *Dasein*. No entanto, preferimos manter "ser-aí", como tradução de *being-there,* usado no original da autora Anne Rooney (N.T.).

Existe, no entanto, uma diferença entre o "ser" de uma criatura animada e um objeto inanimado. Uma cadeira ou um navio têm o ser estático, mas os humanos sabem da passagem finita do tempo – um momento no tempo faz parte do "aí" que habitamos. A consciência que temos de nosso próprio ser é definida pelo tempo e pelo conhecimento de que morreremos. Esse aspecto do pensamento de Heidegger foi aceito pelos existencialistas como Jean-Paul Sartre (1905-1980) e Albert Camus (1913-1960).

> *"O perceber o conhecido não é regressar do que saiu para apreender, trazendo de volta para a 'gaiola' da consciência a presa capturada. Mas também no perceber, no conservar e no reter, o* Dasein *cognoscente como* Dasein *permanece fora. No 'mero' saber acerca de uma conexão do ser do ente (...) no 'unicamente' 'pensar', eu não estou menos junto ao ente lá de fora no mundo do que junto a um apreender* originário. *Mesmo esquecer algo, no qual parece que se desvanece toda relação de ser com o outrora conhecido, deve ser concebido como uma modificação do ser-em originário, de igual modo para toda ilusão e todo erro."*
>
> Martin Heidegger,
> *O Ser e o Tempo* (1927)

Por que existe?

Uma vez que perguntamos "O que existe?", então, a não ser que a resposta seja "nada", tendemos a perguntar "Por que existe?" (o que quer que "exista"), e "Por que eu existo?".

Não podemos saber quando os humanos começaram a fazer perguntas como "Por que eu existo?" ou "O que me mantém vivo?". Provavelmente foi muito antes de a cultura escrita começar. As primeiras respostas que conhecemos, a essas perguntas, são religiosas. Talvez quando as pessoas começaram a fazer objetos de barro, madeira ou osso, o passo seguinte, inevitável, foi pressupor uma entidade sobre-humana para tentar explicar como elas próprias foram "feitas". Um indivíduo que se maravilha com a existência, que é ciente da inspiração, do amor, do ódio, da esperança e do desespero – e que acredita na existência de um espírito que o anima – poderia, muito bem, vir a crer que esse espírito é, de algum modo, a causa e o propósito da existência.

> **PRIMEIROS ERROS**
>
> O filósofo grego Andrônico de Rodes reuniu os trabalhos de Aristóteles por volta de 60 a.C. Acredita-se que ele colocou os escritos sobre a "primeira Filosofia" logo depois de *Física*, de Aristóteles, e, portanto, chamou-os de τὰ μετὰ τὰ φυσικὰ βιβλία (*ta meta ta physika biblia*) ou "os livros que vêm depois [do livro sobre] física". Mais tarde, foi abreviado de uma maneira confusa para *meta physika* ou "além da física", resultando no termo *metaphysics*, "metafísica".

Os primeiros motores

A origem e a causa de todas as coisas, com frequência, é chamada de "primeiro motor". Para os religiosos, o primeiro motor é um deus. Isto pode pôr fim a outras questões em uma religião que não permite que seus crentes questionem as origens ou propósitos de seu deus. Os gregos explicavam a existência de seus deuses com lendas, mas ainda tinham de recorrer a um primeiro motor ou iniciador. Em algumas versões, a tarefa foi dada a Cronos ("tempo") e a Caos ("o vácuo"), e os deuses primevos vieram de uma ou de ambas dessas entidades. A ideia de que o universo formou-se fora do tempo e do espaço, ou caos, é notavelmente próxima da moderna teoria cosmológica.

Um "Por Quê" Sem Deuses

A primeira pessoa a procurar uma explicação não mística para a existência das coisas foi o filósofo Tales (c. 624-546 a.C.), nascido na Grécia Antiga, no porto de Mileto (hoje Turquia). Ele é considerado o pai da filosofia ocidental. Se Tales escreveu alguma coisa, nada foi preservado. Sabemos sobre sua vida e ideias apenas por relatos feitos por Aristóteles e outros escritores gregos, como os historiadores Heródoto (484-425 a.C.) e Plutarco (c. 46-120 a.C.), e, especialmente, pelo biógrafo Diógenes Laércio do século III a.C. Por relatos dessas pessoas, parece que a abordagem de Tales foi revolucionária. Em uma época na qual a sociedade explicava a natureza do mundo através de histórias sobre os desejos e caprichos de deuses antropomórficos, Tales procurou encontrar um princípio comum, subjascente, para explicar o mundo que o cercava.

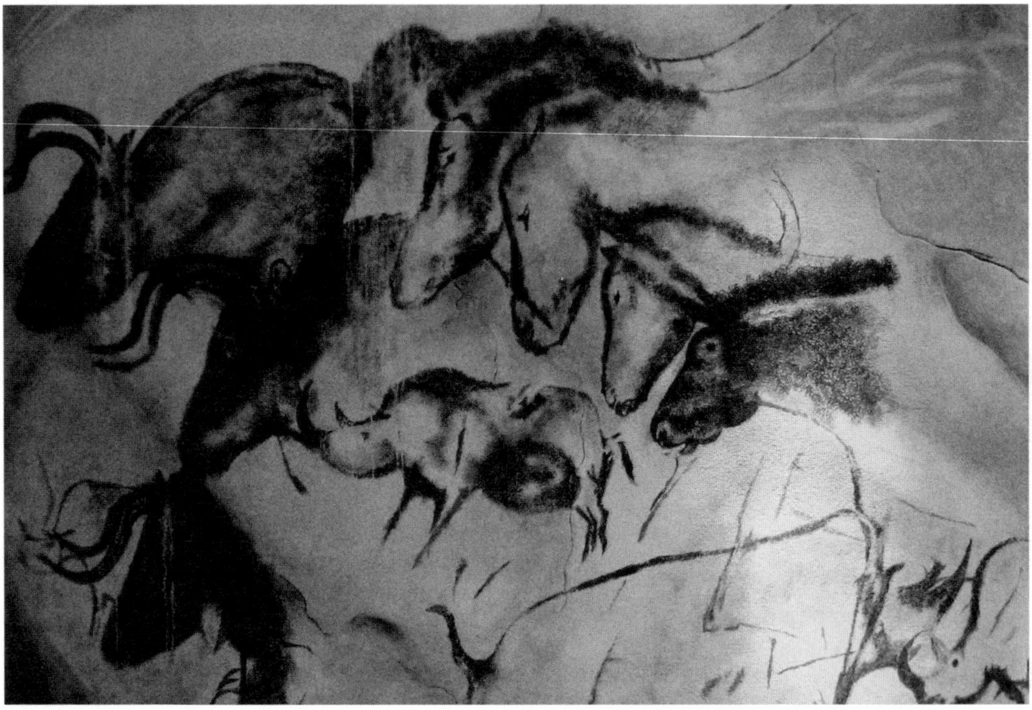

Esta pintura em uma caverna francesa, com 31.000 anos de idade, faz parte de um retrato de 13 espécies diferentes de animais, e é um dos exemplos mais antigos conhecidos de humanos fazendo imagens de seres animados.

A maneira mais fácil de explicar porque qualquer coisa existe é através de um Criador Divino. Mas, isso traz um questionamento prévio: "Por que o Criador existe?".

Aristóteles relata que Tales pensava que a Terra flutuasse na água, como uma tora ou um navio flutua no mar. Logo, em vez dos terremotos serem causados por deuses irados, Tales propôs que o continente era sacudido por ondas que vinham de baixo – uma visão notavelmente próxima, em certo sentido, à das placas tectônicas, considerada atualmente, em que os terremotos são explicados pelo movimento de placas dispostas sobre um leito de magma fluido. Bem, ele estava errado sobre a água, mas o princípio – de que os processos físicos do mundo podem ser atribuídos a causas naturais, e não sobrenaturais – levou às bases da ciência moderna.

O Contador

Tales morreu por volta de 546 a.C., quando o filósofo e matemático grego Pitágoras (c. 570-495 a.C.) tinha aproximadamente 25 anos de idade. Ele também buscou uma base explicável para o mundo natural e a encontrou nos números, de modo muito parecido com a maneira como os cientistas modernos tentam explicar as forças do universo usando regras matemáticas. Pitágoras misturava sua matemática a uma boa dose de misticismo, e a escola por ele fundada era distintamente sectária. Seus seguidores não podiam tocar em um frango branco, olhar em um espelho colocado ao lado de uma luz, nem comer grãos de feijão (*veja* o quadro na página seguinte).

Pitágoras também tinha forte crença na transmigração de almas – a ideia de que a alma sobrevivia à morte e "entrava" em outra criatura vivente, que poderia ser humana ou animal. O vegetarianismo foi o resultado inevitável dessa crença, pois qualquer refeição à base de carne, potencialmente, poderia abrigar a alma de um ex (ou futuro) amigo ou parente.

Metafísica e Física

Tales e Pitágoras colocaram a humanidade na trajetória do que hoje chamamos "ciência" (do latim *scienta*, "conhecimento"). O pensamento científico é um ramo da filosofia. De fato, até o final do século XIX, o esforço científico foi chamado de "Filosofia Natural". O assunto da Filosofia Natural surgiu juntamente com o pensamento científico: algo que visa a descobrir o que pode ser demonstrado como verdadeiro. A primeira cadeira de Filosofia Natural foi criada na Universidade de Pádova, em 1577. Quando Pitágoras concluiu que o universo funcionava de acordo com leis que eram independentes do conhecimento que o homem tinha, ele não teve recursos para provar isso – era uma teoria e uma crença, tanto quanto a existência dos deuses gregos. Quando Newton concluiu a mesma coisa, foi capaz de usar cálculos matemáticos e instrumentos científicos para demonstrar que essas regras, verdadeiramente, pareciam existir. Os movimentos dos planetas seguem certas regras. O movimento de um corpo em queda, ou uma bala disparada de um canhão, também seguem regras.

Ainda não chegamos lá

A ciência explica, de uma forma não mística, como surgiram o universo e a vida na Terra. Mas, isso ainda não responde às questões básicas: "De onde veio o Bigue-bangue?", "Por que ele surgiu?", "Como e por que a vida surge de substâncias químicas inanimadas?". Podemos, pessoalmente, preferir a explicação religiosa ou a científica para as origens da vida e do universo, mas ambas tropeçam na questão: "De onde veio o precursor (Deus/a matéria do Bigue-bangue)?", "E por quê?". A religião diz: "Não pergunte, é um mistério, está além do entendimento"; a ciência diz: "Não sabemos ainda". Ambas, às vezes, dizem: "Sempre existiu" ou o "Deus/tempo e espaço não tem início nem fim". Por esta razão, a religião e a ciência não são, necessariamente, excludentes mutuamente.

NÃO MALTRATE OS GRÃOS!

Para Pitágoras, os grãos de feijão eram sagrados. Ele proibia seus seguidores de comer carne e feijão. Várias razões para isso foram sugeridas, inclusive que "os feijões são parecidos com genitais" (testículos), ou que "são como os portões de Hades, sem estarem juntos" (ambas de Aristóteles). Este último ponto significava, possivelmente, que o caule oco de uma planta de grãos era considerado o condutor para as almas a caminho de transmigrarem. Isto é apoiado por outra crença antiga, que diz que "comer grãos é o mesmo que comer as cabeças dos próprios pais". O que explicaria a restrição de Pitágoras: para proteger dos animais tanto os grãos quanto as plantas de grãos, e a lenda que diz que ele preferiria que seus inimigos o matassem a fugir por uma plantação de grãos, pois isso prejudicaria os grãos.

Nesta pintura do século XVII, de Peter Paul Rubens, Pitágoras (sentado com as pernas cruzadas) defende o vegetarianismo aos seus seguidores.

CAPÍTULO 2

Existe um **DEUS?**

"Se eu não visse nenhum sinal de divindade, eu me determinaria a negá-la. Se visse em toda parte as marcas de um Criador, eu repousaria tranquilamente sobre a fé. Mas, ao ver coisas demais para negá-Lo e tão poucas para ter certeza, encontro-me em um estado lastimável, e desejaria cem vezes que se um Deus sustenta a natureza, esta revelaria Sua existência sem ambiguidade."

Blaise Pascal,
Pensamentos (1670)

"O interesse que tenho em acreditar em algo não é prova de que tal coisa exista."

Voltaire,
Comentários sobre os Pensamentos de Pascal, XI

Existe um ser divino que ordena e controla o universo?

Uma resposta comumente dada à pergunta "Por que tudo existe?" é "Deus". Também é um aspecto de "O que existe?" – em outras palavras, "O que quer que seja que exista ou sempre tenha existido inlcui um Deus?" Em caso afirmativo, "Como é esse Deus?"

Deus existe?

Várias são as abordagens para provar a existência de Deus:

- A complexidade do mundo ou do universo, e tudo o que há nele, indica a existência de um Criador, uma vez que é inconcebível pensar que tal sistema tenha surgido por acaso (o argumento cosmológico).
- Tudo tem de ser causado por alguma coisa, logo deve haver uma causa primeira, e esta é o que chamaremos de Deus (o argumento teleológico).
- Uma vez que podemos imaginar um Deus, deve haver um (o argumento ontológico).
- A fé – convicção interior, pessoal – nos diz que existe um Deus; portanto, deve existir.

Nenhuma dessas "provas" é satisfatória em termos filosóficos e existem vários problemas com a noção de "Deus" que os filósofos tentaram esclarecer – novamente, de modo não totalmente satisfatório. Para aqueles que acreditam em Deus, a falta de argumentos a favor de sua existência não é motivo para abrirem mão dessa crença. Assim, por sua própria natureza, a fé não se vincula à razão; logo, se Deus realmente existe, sua existência não é passível de provas.

Penso, logo ele existe

Para muitos filósofos ao longo da história, a crença em Deus era a posição padrão – eles viviam em sociedades nas quais, em geral, não se duvidava da existência de Deus e, em alguns casos, questioná-lo era crime. Santo Anselmo (1033-1109), arcebispo de Cantuária desde 1093, foi o primeiro a tentar provar a existência de Deus pela razão.

No tempo de Anselmo, as palavras de Platão e Aristóteles tinham sido redescobertas e os filósofos cristãos, chamados "escolásticos", tentavam integrá-las a sua Teologia.

Diz-se que os alunos de Anselmo, depois de estudarem os filósofos gregos, queriam ouvir uma justificativa racional para a existência de Deus. Aristóteles e Platão tinham citado a complexidade do mundo como evidência da existência de seus deuses. A resposta de Anselmo – posteriormente conhecida como o argumento ontológico para a existência de Deus – tornou-se uma das questões mais debatidas na Filosofia.

Suponha que pelo termo "deus" queremos nos referir ao maior e mais poderoso ser que podemos imaginar. Logo, a existência de Deus parece seguir necessariamente de sua definição porque...

- um Deus que se imagina não existir não é tão grande quanto um que se imagina existir;
- seria uma contradição supor que Deus é a maior coisa que se pode imaginar e, ao mesmo tempo, supor que Ele não existe;
- uma vez que podemos claramente pensar em Deus e supor que Ele exista, então, Ele deve existir.

"FILOSOFÊS": TEÍSMO

Teísmo é a crença em um único deus que é onipotente (todo poderoso), onisciente (que tudo sabe) e benevolente. O cristianismo, o judaísmo e o islamismo são religiões teístas.

Obviamente, há algo de errado nesse argumento. O primeiro crítico de Anselmo foi um contemporâneo, o monge beneditino Gaunilo de Marmoutiers. Ele alegava que se o raciocínio de Anselmo estivesse correto, poderíamos imaginar uma ilha perdida que fosse a mais perfeita que poderia existir. Uma vez que, por definição, ela é a mais perfeita, deve existir, pois, caso contrário, seria menos que perfeita. Como o raciocínio de Anselmo poderia levar à existência de todos os tipos de objetos imaginários, ele deve, necessariamente, ser falho. Em resposta, Anselmo disse que a perfeição só se aplica a Deus, logo o argumento ontológico não pode ser usado para provar a existência de ilhas imaginárias ou de qualquer outra coisa que não seja Deus.

"FILOSOFÊS": ESCOLÁSTICA

Os escolásticos eram os filósofos cristãos que trabalhavam nas universidades medievais (c. 1100-1500). O método deles, a escolástica, provém da abordagem dialética – fazer uma pergunta, propor uma resposta, refutar essa resposta e assim por diante, para chegar a uma conclusão. O objetivo dos escolásticos era juntar duas fontes amplas de autoridade: a cristã (a Bíblia e os escritos de padres) e a clássica (principalmente Aristóteles e Platão, este último filtrado pelos neoplatônicos).

Santo Anselmo de Cantuária foi um professor renomado, e é considerado o pai da escolástica.

Debate contínuo

Muitos filósofos concordam que o problema com o argumento de Anselmo gira em torno de fazer com que o sentido de uma palavra ou conceito seja a base sobre a qual decidimos se algo existe, uma objeção levantada por Tomás de Aquino (1225-1274). Mas os filósofos e lógicos ainda debatem sobre qual seria exatamente esse erro lógico. Para a Filosofia, o fato óbvio de que algo não faz sentido não é suficiente – precisa ser possível *provar* que algo não faz sentido, para que seja descartado.

O filósofo e matemático francês René Descartes (1596-1650) costuma ser chamado de "pai da Filosofia moderna". Ele tinha sua própria versão do argumento ontológico, que era extremamente simples – tão simples, de fato, que é mais um axioma que se autoevi-

"FILOSOFÊS": ONTOLOGIA

Ontologia é o estudo do ser, e investiga tanto o que existe quanto o que é a existência.

dencia. Ele diz que: como a essência de um ente supremo inclui o fato de que ele existe, Deus deve existir. O argumento é construído sobre outras ideias, incluindo a ideia de que a noção de Deus é nata à mente humana.

O filósofo alemão Immanuel Kant (1724-1804) destacou que, como a essência não pressupõe a existência, a essência de um ente supremo pode ser o que se quiser – não significando que o ente supremo tenha de existir. Além disso, o argumento pressupõe que a existência é um atributo da perfeição – o que talvez não seja o caso. Mesmo assim, o argumento ontológico tem apelo suficiente para que continue sendo retomado pelos filósofos.

Na década de 1960, o filósofo americano Norman Malcolm (1911-1990) retomou uma variante do argumento que evita objeções prévias. Ele redefiniu Deus como um "ser absolutamente ilimitado", e então procedeu da seguinte forma:

- qualquer ente cuja existência dependesse de outra, ou que pudesse ser impedido de existir por outra coisa, ficaria limitado e não seria Deus;
- para qualquer ser proposto, a existência pode ser possível (mas não necessária), necessária ou impossível;
- se a sua existência é possível mas não necessária, o ser existe em alguns mundos possíveis, mas não em outros. A sua não existência nos outros sugere algo, ou a falta de algo, que impede o ente de existir, logo, não é um ser ilimitado;
- se alguma coisa que é "possível, mas não necessária" não é um ser ilimitado, a existência de Deus não pode ser "possível, mas não necessária".
- portanto, Deus é impossível ou necessariamente existe.

Resta provar que Deus não é impossível.

> *"Eu não busco compreender para que eu possa crer, mas creio para que eu possa compreender. Para tanto, também acredito que, se eu não crer primeiro, não compreenderei".*
>
> Santo Anselmo de Cantuária
> *Discurso* (*Proslógio*) (1077-1078)

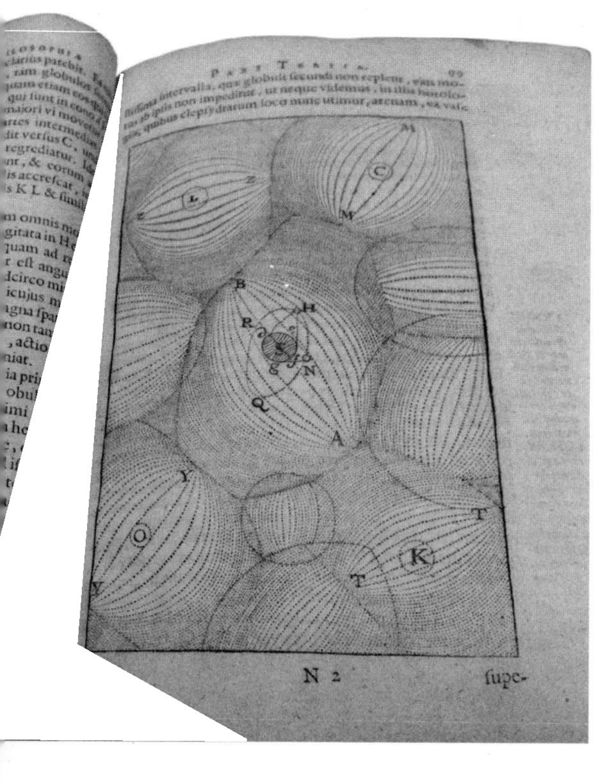

Princípios de Filosofia *de René Descartes; esta cópia foi impressa em 1656.*

Immanuel Kant sustentava que a forma como uma coisa é essencialmente não está ligada a sua existência.

Do zero

Outro crítico do argumento ontológico de Anselmo foi são Tomás de Aquino. Ele não aceitava a exigência de que meros seres humanos precisam ser capazes de conceber a Deus, que é transcendente e, portanto, inconcebível. De fato, sua crítica empreendida contra o argumento ontológico foi tão contundente que a posição de Anselmo perdeu totalmente a credibilidade durante vários séculos, vindo à tona novamente com Descartes, para ser refutada mais uma vez.

Aquino apresentou, talvez, os argumentos lógicos mais lúcidos e concisos para a existência de Deus. As cinco vias, ou cinco provas para a existência de Deus, aparecem em sua *Suma teológica* (escrita entre os anos de 1265 e 1273). Ele não as considerava como provas absolutas, mas como etapas para uma prova. Desenvolveu o argumento cosmológico a partir da controvérsia enfrentada por Aristóteles de que deve haver um "primeiro motor" que coloca tudo em movimento.

A primeira via – provar a existência de Deus através da existência do movimento:

- Algumas coisas no mundo estão em movimento.
- O movimento deve ser causado por algo mais, pois nada pode se mover espontaneamente.
- Esta causa deve ser iniciada por algo.
- Devemos continuar infinitamente essa corrente de causa e efeito, a não ser que um primeiro movente seja pressuposto. Este é Deus.

São Tomás de Aquino tornou-se o filósofo preferido da igreja católica.

A segunda via é semelhante à primeira. Baseia-se no pressuposto de que uma coisa não pode "ser causada" por si própria, mas deve ter uma causa externa. Esta via termina, de forma bastante paradoxal, concluindo que deve haver algo que cause a si próprio e esse algo é Deus. Vários filósofos reclamaram que o pensamento de Tomás de Aquino é confuso, pois a proposição que ele busca provar é a própria proposição que ele nega durante a argumentação.

A terceira via pressupõe a mudança:

- Notamos no mundo que as coisas começam a existir e também cessam de existir.
- Claramente, nem tudo pode ser transitório, ou teria de haver um tempo em que nada existisse, e nada poderia ser gerado a partir daí – uma coisa não pode vir do nada.
- Alguma coisa deve ter existido sempre, e, a esta, chamamos Deus.

Isto nos faz lembrar do argumento do filósofo grego Parmênides que diz: nada pode vir do nada, logo, alguma coisa (algum ser) deve ter existido sempre. Essas três primeiras vias são variações do argumento cosmológico.

A quarta via é uma versão do argumento ontológico de Anselmo:

- As coisas podem exibir graus variáveis de uma determinada qualidade, como ser mais ou menos quente ou mais ou menos bom.
- Graus variáveis de uma qualidade são causados por algo que, em si, exibe a quantidade perfeita de uma qualidade – logo, o Sol, que é a coisa mais quente, concede calor para outras coisas.
- Para algumas coisas exibirem bondade, deve haver algo que seja sumamente "bom", e este é Deus.

A quinta via recorre à noção de *telos*, ou "finalidade", para Aristóteles, e é um argumento teleológico:

- Todas as coisas visam a algum fim ou objetivo último.
- Algumas mentes devem buscar ou pretender atingir esse propósito; é Deus que está por trás dele.

> *"Se a mão não move o bastão, o bastão não moverá sozinho.."*
>
> Tomás de Aquino, *Suma teológica* (1266-1273)

TOMÁS DE AQUINO

Tomás de Aquino nasceu na Sicília, foi educado nas universidades de Nápoles e Colônia, e lecionou em Paris e Nápoles. Foi canonizado em 1323, pelo Papa João XII.

Grande parte da produção de Tomás de Aquino deriva de Aristóteles e consiste em tentar reconciliar as obras de Aristóteles com o ensinamento cristão (uma reconciliação que Agostinho empreendeu com as obras de Platão). Aquino também esclareceu e ampliou as ideias de Aristóteles. Sua imensa *Suma teológica* contém as cinco vias – talvez a tentativa mais clara de provar a existência de Deus por um argumento lógico. A primeira parte da *Suma* discute Deus, a criação e a natureza humana; a segunda parte lida com moralidade; e a terceira começa a tratar de Cristo e dos sacramentos. Tomás de Aquino nunca terminou a terceira parte, pois desistiu um dia depois de ter uma visão mística comparada com a qual, disse ele, tudo o que tinha escrito parecia palha.

NÃO O PRIMEIRO...

Aquino não foi o primeiro proponente pós-clássico do argumento da causa primeira. O filósofo muçulmano Avicena, ou Ibn Sīnā (c. 980-1037 d.C.), tentou integrar elementos da filosofia de Aristóteles e Platão em sua crença religiosa em Deus, o Criador. Os comentários de Avicena e de acadêmicos muçulmanos contemporâneos a ele foram traduzidos em latim e entraram na Europa através da Espanha, influenciando enormemente a obra de Aquino e dos escolásticos. O argumento de Avicena para provar a existência de Deus é notavelmente parecido ao de Aquino:

- As coisas existem e deixam de existir, logo, a existência não é, em si, uma propriedade essencial.
- Se algo passa a existir, deve haver uma causa para esse acontecimento.
- Não pode haver uma cadeia infinita de eventos causados sem que uma causa primeira a desencadeie.
- Essa causa primeira é autoexistente e, evidentemente, é Deus.

Embora os filósofos modernos tenham quase todos rejeitado as cinco vias” de Tomás de Aquino, a Igreja católica ainda segue versões delas.

Então, no final do século XIII, os argumentos cosmológico, teológico e ontológico para a existência de Deus já tinham sido propostos. O que veio depois, em grande parte, foram os refinamentos desses argumentos, tentativas de reforçá-los ou criticá-los. Algumas outras afirmações – de que os milagres provam a divindade, por exemplo – não constituem realmente argumentos para a existência de Deus. (Se aceitamos que um milagre ocorreu, isto só demonstra a veracidade de milagres, e não de Deus.)

"FILOSOFÊS": TEOLÓGICO

Um argumento **teológico** é aquele que se relaciona a uma finalidade, propósito ou objetivos.

Maldito seja, se você não acredita: a aposta de Pascal

A existência de Deus não é uma questão puramente filosófica. Para quem acredita – ou possa acreditar – em um Deus que se interessa por seres humanos e concede recompensas e punições, a existência ou não existência Dele, em geral, está ligada à possibilidade de uma vida após a morte e da condenação ou salvação eterna. Isto atrai a atenção da mente muito mais do que uma simples curiosidade intelectual.

O racionalista francês Blaise Pascal (1623-1662), em geral, apoiava uma abordagem rigorosamente científica ao conhecimento, mas sustentava que regras diferentes se aplicam quando falamos sobre Deus. Em questões que vão além do alcance da razão, Pascal disse que tudo o que podemos fazer é contar com a autoridade de textos sagrados. De fato, ele foi um homem profundamente religioso, e nos últimos anos de sua vida passou muito tempo reunindo seus *Pensamentos* (*Pensées*, em francês). Esta obra – uma coleção de anotações, em vez de um único argumento narrativo – é uma forma de *apologia* ao cristianismo. Nela, Pascal lida com as limitações da razão e com a falta de uma certeza absoluta.

O ponto mais influente de *Pensamentos* é a "aposta" de Pascal sobre a existência de Deus. Não é realmente um argumento da existência de Deus, mas a favor da crença Nele como uma posição racional: ou Deus existe ou não existe.

> **"FILOSOFÊS": APOLOGIA**
>
> Uma **apologia** é um argumento articulado em defesa de uma determinada posição.

Não podemos descobrir qual é a verdade a partir da razão, mas devemos escolher entre acreditar ou não. Devemos fazer uma aposta.

- Se Deus não existe, não perdemos nada por acreditar que Ele existe – a morte traz a aniquilação, quer acreditemos ou não.
- Mas, se Deus existe, então poderemos ganhar tudo (a salvação) se acreditarmos que Ele existe, e perder tudo (a condenação) se pensarmos que Ele não existe.
- Portanto, é sensato agir como se Ele existisse: "Se você ganhar, ganha tudo; se perder, não perde nada."

Uma objeção óbvia à aposta de Pascal, feita cem anos depois pelo filósofo francês Denis Diderot (1713-1784), é que existem realmente muitas apostas a serem feitas. Pascal tratou apenas do Deus do cristianismo católico, mas existem, e existiram, muitos deuses e sistemas de crença diferentes ao longo da história, e precisamos escolher um deles. Pascal deve ter feito sua aposta, viveu de acordo com os ditames da Igreja católica, morreu e pode ter sido condenado porque deveria ter seguido Krishna, Thor ou Zeus.

Escolhendo o melhor caminho

O psicólogo e filósofo americano William James (1842-1910), irmão do romancista Henry James, propôs outra abordagem pragmática à crença. Para ele, a vida era cheia de escolhas, algumas das quais são "forçadas", ou seja, "ficar em cima do muro" não é uma opção. Ele via a crença em Deus como uma escolha forçada – se você não escolhe crer, resta-lhe a outra opção: não crer.

Algumas escolhas também eram "importantes" – elas faziam uma diferença enorme para a vida. A decisão de acreditar em Deus era considerada importante, pois, alegava

Os maori acreditam que o deus Tane separou o céu e a terra, colocou as estrelas no céu e, em algumas versões, criou os primeiros seres humanos. Se esta é a verdadeira religião, muitos de nós teremos problemas...

> *"Eu deveria ter muito mais medo de me enganar, e, então, descobrir que o cristianismo é verdadeiro, do que temer me enganar por acreditar que ele é verdadeiro."*
> Blaise Pascal, *Pensamentos* (1670)

James, acreditar Nele dava a uma pessoa uma estrutura moral e psicológica, que enriquecia sua vida e lhe dava propósito. Ele achava que não se ganhava nada em não se acreditar, e, portanto, a pessoa sensata sempre escolheria acreditar. O raciocínio é ainda mais frágil que o de Pascal, pois ele não apenas não garante que uma religião esteja acima de outra(s), como tampouco garante que uma religião de qualquer tipo seja superior a um outro modelo (não religioso), que poderia dar razão e significado à vida de uma pessoa.

Não é necessário provar

Para alguns filósofos, todo o conceito de provar a existência de Deus tem sido ou um anátema ou irrelevante. Um deles foi o humanista holandês cristão Erasmo de Roterdã (1466-1536). Erasmo se incomodava particularmente com a hipocrisia e com a natureza mundana da Igreja católica, e não tolerava os escolásticos e suas relações com Platão e Aristóteles. Em vez disso, ele se aproximou de Agostinho e de suas declarações simples de fé. Para Erasmo, a crença em Deus não era uma questão de razão, mas de pura fé.

Seu livro *Elogio da loucura* (1509) satiriza e critica a Igreja, atacando as ordens monásticas por sua aparente crença de que viver uma boa vida religiosa consistia "no número exato de nós para amarrar suas sandálias". Em vez disso, argumenta ele, a verdadeira religião consiste em "adorar com o coração" e não precisa da Igreja como intermediária. A religião é uma forma de loucura por ser simples, direta e não emaranhada em uma doutrina complexa. Ela deve se basear no humanismo puro e completo – na confiança no espírito humano de reconhecer e adorar a Deus.

Erasmo era tão preocupado com a instituição Igreja quanto em provar a existên-

QUANTOS ANJOS PODEM DANÇAR NA PONTA DE UMA AGULHA?

É difícil exagerar os níveis de complexidade e engenhosidade nos argumentos escolásticos e teológicos. A mera sugestão de que os filósofos debateram sobre quantos anjos poderiam dançar na ponta de uma agulha, ou na cabeça de um alfinete, não parece ter saído dos textos que foram preservados. A referência mais antiga a essa suposta questão é de meados do século XVII:

"E Schibler, com outros, estabeleceu a diferença de extensão como esta, de que os anjos podem contrair toda sua substância em uma parte do espaço, e, portanto, não têm *partes extra partes.* A partir disto é que os estudiosos questionaram sobre quantos anjos podem caber na ponta de uma agulha?"

Richard Baxter, *The reasons of the christian religion* (1667).

É possível que a questão fosse um exercício de debate, para treinar jovens acadêmicos na arte da retórica,, ou que não passou de uma paródia para satirizar a pertinência ou o absurdo das questões debatidas.

Embora existissem muitos debates sérios sobre os anjos e sua natureza, seus hábitos de dança raramente eram descritos.

"Em vão, no dia do juízo final, um deles se gabará por ter mortificado seu apetite carnal alimentando-se apenas de peixes; outro alegará ter passado a maior parte de seu tempo na Terra no exercício divino de cantar os salmos (...) Interrompendo, Jesus Cristo dirá: – Pois escribas e fariseus, não vos deixei um único preceito, de amar uns aos outros? E não ouço ninguém alegar tê-lo cumprido fielmente."

Erasmo de Roterdã, *Elogio da loucura* (1509)

cia de Deus, mas a ideia de que o espírito naturalmente compreende e anseia por Deus tornou-se um forte argumento não racional para a existência de Deus.

Fé e razão

Ainda que Erasmo fizesse objeções sobre a maneira como a Igreja lidava com a religião, ele não negava as crenças fundamentais do cristianismo – a existência literal de Deus, a encarnação física de Cristo, e assim por diante. Um distanciamento da formulação exata do divino apresentada pela doutrina e por autoridades religiosas marcou o Iluminismo, que começou pouco depois da morte de Erasmo.

O filósofo francês iluminista François Marie Arouet (1694-1778), que é mais conhecido pelo seu pseudônimo "Voltaire", estava entre aqueles que adotaram uma visão mais liberal de Deus. Ele não achava que a crença em qualquer religião específica ou que a fé cega fosse necessária para se entender o divino, o que é interessante. Ele conseguiu conciliar sua crença com sua confiança de que tudo, tanto na esfera física quanto moral e espiritual, é governado por leis explicáveis, mesmo que ainda não tenham sido descobertas:

"O que é a fé? Seria acreditar naquilo que é evidente? Não! É absolutamente evidente para a minha mente que existe um bem eterno, supremo e inteligente. Não é uma questão de fé, mas de razão."

O filósofo judeu-holandês Baruch de Espinoza (1632-1677) também aceitava a existência de uma divindade (e defendia o argumento ontológico para esse fim), mas não se inclinava a seguir qualquer corpo de ensino religioso. Ele foi considerado muitas vezes o panteísta original, embora isto simplifique um pouco a posição dele. Espinoza acreditava que tudo o que existe forma um todo, e que esse todo é um ente divino supremo. Isto significa que, embora o mundo natural seja Deus, Deus é muito mais que isso. O mundo natural é um subconjunto de Deus. O conceito que ele tinha de Deus era oposto à crença judaico-cristã, no sentido de que o Deus de Espinoza não tinha quali-

A maioria dos estudiosos medievais ligava a ciência – em particular a astronomia, a astrologia e a geometria – ao divino.

> **"FILOSOFÊS": PANTEÍSMO**
>
> **Panteísmo** é a crença de que Deus se manifesta no universo natural e é inseparável dele. Deus não é antropomorfizado e não tem vontade, propósito ou consciência.

dades antropomórficas – nem personalidade, nem encarnação, nem vontade, nem intenções, nem consciência. Tudo o que acontece vem necessariamente da natureza de Deus e não de sua vontade, seguindo leis imutáveis que não são feitas por Ele. Para todos os efeitos, isto tornava Espinoza um ateísta nos termos do século XVII, e ele foi expulso da comunidade judaica por *cherém* (equivalente à excomunhão da Igreja católica, ou seja, o mais alto grau de punição) em 1656, por seus "feitos monstruosos" e "heresias abomináveis".

Enquanto Voltaire pensava que a crença em Deus era um ato de razão, Søren Kierkegaard (1813-1855) sustentava que a religião era, por necessidade, uma questão de paixão e não de razão. A razão só pode minar a fé, afirmava ele, e nunca justificá-la. As provas racionalistas da existência de Deus, como aquelas dadas por Anselmo ou Tomás de Aquino, não têm nada a ver com a crença em Deus. Uma crença autêntica adquire sua força de dentro, como "um ato de fé", sem que a razão nos reassegure que o que estamos fazendo é a coisa certa. Se a existência de Deus fosse suscetível à reflexão racional, não haveria necessidade de fé, e isto não teria sentido.

Apesar desse espírito fortemente religioso, Kierkegaard atacava a Igreja organizada, o que ele considerava ser a própria antítese do cristianismo. Ele achava que superficialidades – ir à igreja, ler a escritura e assim por diante – não têm nada a ver com a vida religiosa, que deve envolver uma confrontação pessoal e direta com o divino.

Deus está morto – ou nunca existiu

Evidentemente, uma razão da dificuldade de provar a existência de Deus é que ele não existe. Esta é uma posição que tem sido difícil para os filósofos adotarem em muitas épocas e lugares. Em uma sociedade totalmente envolvida por Deus (ou seja, em que a crença em Deus é universal), um filósofo que se levanta para dizer "Deus não existe" poderia, no mínimo, ser ridicularizado e, na pior das hipóteses, executado. Mas essa opção tornou-se possível por volta do século XVIII, na Idade da Razão, quando a Igreja começou a perder seu poder. De fato, em alguns círculos a tendência para negar a existência de Deus passou até a ser reforçada.

> **A IDADE DA RAZÃO**
>
> Idade da Razão é o nome dado ao período, que começou por volta de 1650, marcado pela crescente confiança no poder da razão humana e nas possibilidades oferecidas pelas novas descobertas científicas e formas de pensar. Também conhecida como (Era do) Iluminismo, foi nesta época que o ceticismo, a ciência e o rigor intelectual substituíram a superstição, a fé e a aceitação cega nas autoridades clássicas. Os pensadores considerados fundamentais para desencadear a Idade da Razão foram Espinoza, Voltaire, Newton e Locke. Iniciada principalmente na França e na Inglaterra, espalhou-se por todos os demais centros europeus e pela América.

O filósofo escocês David Hume (1711--1776) foi um dos primeiros a negar abertamente a existência de Deus. Hume foi um cético e rejeitava praticamente qualquer coisa que não viesse da experiência sensorial pessoal. Isto, certamente, significava descartar o menino Jesus junto com a água da banheira. A água da banheira era uma poça que incluía a existência do *self*[1], a necessidade de lógica, a causalidade e a validade do pensamento indutivo em si. Nos *Diálogos sobre a religião natural* (1779), de Hume, o personagem cético Philo faz objeções a todos os principais argumentos que demonstram a existência de Deus. A postura provocativa de Hume veio ligeiramente antes de seu tempo e, provavelmente seja por isso, que seu trabalho tenha sido publicado pela primeira vez três anos após sua morte.

Na época em que o filósofo alemão Friedrich Nietzsche (1844-1900) escrevia, a negação de Deus devia ser impopular, mas, certamente, não era tão perigosa quanto foi para Espinoza. O pai de Nietzsche, um pastor protestante, morreu quando seu filho tinha apenas quatro anos, e este foi criado em um ambiente de austera devoção lute-

1 *Self* é uma palavra que denota uma série de acepções acerca da individualidade, indicando a capacidade reflexiva daquilo que costumamos chamar de "eu" em relação a si mesmo e, em alguns casos, sua interação com o mundo exterior. *Self* é um conceito de difícil tradução, pois pode tanto envolver uma simples reflexividade do "eu" – que poderia ser traduzida pela expressão "si mesmo" – quanto graus distintos de variada complexidade. Nesse último caso, implicam-se questões filosóficas da "autoconsciência" e suas relações com a alteridade, a cultura etc., tudo o que também poderia se relacionar à noção de pessoa (N.R.).

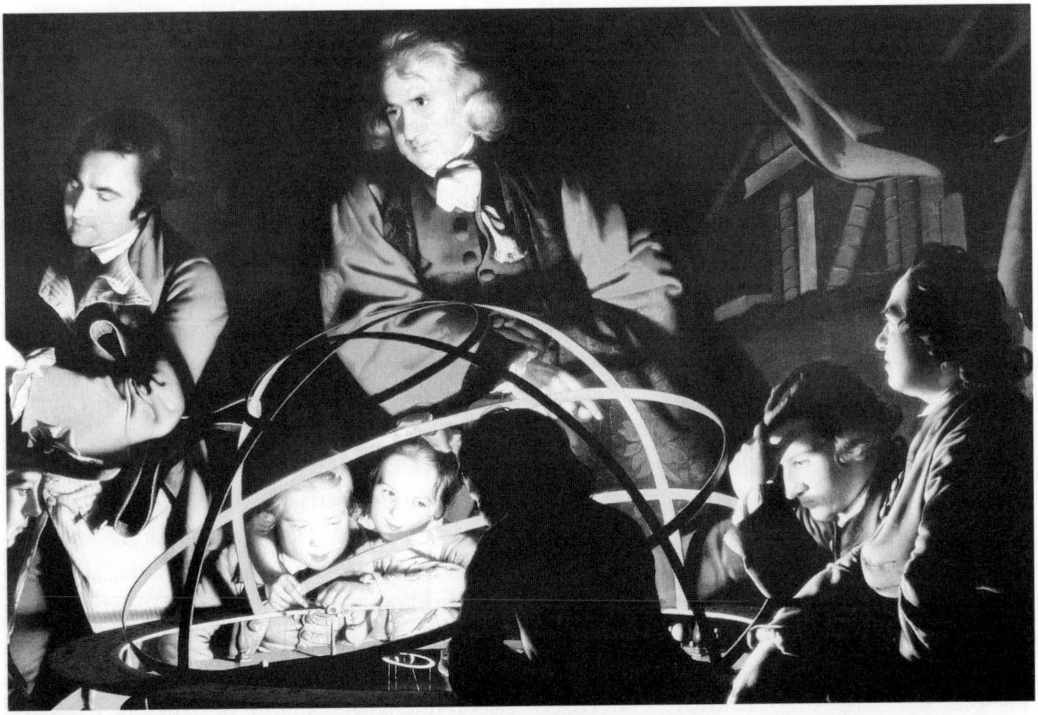

A Idade da Razão viu um interesse crescente pela ciência e pelo desenvolvimento do método científico.

> *"A religião é o suspiro da criatura oprimida, o coração de um mundo sem coração e a alma de condições desalmadas. Ela é o ópio do povo."*
> Karl Marx (1818-1883), *Anais franco-alemães*, escrito com Arnold Ruge (1844)

rana por sua mãe e sua irmã. Nietzsche se tornou bastante hostil ao cristianismo, que rotulava como "moralidade escrava". Com isso, ele queria dizer que o cristianismo crescera a partir da amargura e do ressentimento dos fracos e oprimidos. Em vez de combater sua posição de fraqueza na sociedade ou buscar a força interior para dominar seu ressentimento, inventaram um modelo no qual seus opressores seriam punidos em uma vida futura imaginária, provendo a vingança que os fracos eram incapazes de assumir na vida presente. Na moralidade escrava, segundo Nietzsche, os oprimidos (escravos) depreciam as qualidades ou características que dão aos outros poder sobre eles e enaltecem os atributos opostos. Logo, a riqueza e o poder são ruins; a pobreza e a humildade são boas. Aqueles que demonstram as más qualidades serão punidos após a morte, e aqueles que demonstram as boas qualidades serão recompensados.

Nietzsche não é o único a ver a religião como uma distração para calar as massas. O famoso comentário do filósofo político alemão Karl Marx de que "A religião é o ópio do povo" carrega a mesma noção, exceto que, em vez de a religião emergir da consciência do oprimido, Marx propôs que ela seria imposta ao proletariado pelas instituições religiosas.

Marx seguiu a constatação feita pelo filósofo e antropólogo Ludwig Feuerbach (1804-1872) de que os homens criaram Deus à sua própria imagem, e que a adoração a Deus os desvia do gozo de seus próprios poderes humanos. De acordo com Marx, a alienação na vida material é o que leva as pessoas a buscarem consolo na vida espiritual. Ele achava que essa alienação ocorria de duas maneiras: a alienação do trabalho e a alienação social. A segunda delas é o fracasso da sociedade contemporânea em reconhecer e exercitar a natureza comunitária inata das pessoas. Os seres humanos existem como comunidade e a vida só é possível porque podemos contar com uma vasta rede de relações sociais e econômicas. Marx vê a necessidade de comunidade "desonestamente reconhecida" pela religião, criando a falsa ideia de uma comunidade em que somos todos iguais aos olhos de Deus.

O estado cívico oferece outra ilusão de comunidade em que somos todos iguais perante a lei. Quando as pessoas são realmente emancipadas e capazes de realizar uma forma verdadeira de comunidade, a religião fica naturalmente debilitada. O russo, anarquista e revolucionário, Mikhail Bakunin (1814-1876), era ainda mais contrário a Deus, vendo-O como a encarnação (imaginária) de todos os males que já recaíram sobre a humanidade.

Como Deus não existia, nós o criamos

O psicólogo austríaco Sigmund Freud (1856-1939) também acreditava que Deus fosse uma invenção da mente humana, mas que surgiu da necessidade, e não da manipulação política. Ele descreveu a religião como uma ilusão necessária, que ajuda a restringir nossas tendências sexuais e destrutivas. Ela deriva, alegava ele, de nosso desejo de uma figura

> *"A ideia de Deus implica a abdicação da razão e da justiça humanas; é a negação mais decisiva da liberdade humana, e, necessariamente, termina na escravização da humanidade, na teoria e na prática."*
>
> Mikhail Bakunin,
> *Deus e o Estado* (1882)

paterna para "exorcizar os terrores da natureza, reconciliar os homens com a crueldade do Destino e compensá-los pelos sofrimentos e privações que uma vida lhe impôs".

Não realista em vez de não real

Outra opção, proposta pelo filósofo alemão Georg Hegel (1770-1831), é redefinir Deus. Chamada de visão não realista de Deus, esta afirma que Deus não é algo que exista independentemente, mas uma forma de falar sobre um conjunto de ideias morais ou espirituais. Tal visão foi criticada como ateísmo disfarçado, e, certamente, requer uma revisão importante de nossa definição de Deus e do que a religião oferece. Se Deus não existe em qualquer tipo de noção distinta, "concreta", então não há nem céu nem inferno, e a existência ou não de milagres não está ligada à religião. Esta é uma visão aceita por muitos pensadores modernos, incluindo alguns membros do clero.

Escolha um deus, qualquer deus

Se aceitamos qualquer um dos argumentos da existência de Deus, temos um ponto de partida para a religião. Mas nenhuma das "provas" oferecidas pelos filósofos comprova a existência do Deus exato que cada um deles gostaria de promover. Se aceitamos que deve haver uma Causa Primeira, ou que deve haver um Criador, ou que Deus deve existir porque podemos pensar Nele, isto não nos dá qualquer prova de que o deus que existe é o Deus da Bíblia, do Corão ou de qualquer outra tradição religiosa específica. É exatamente esse o problema da aposta pragmática de Pascal.

Para aquele que adere a uma das principais religiões da Europa – cristianismo, judaísmo ou islamismo –, não há argumento sobre a crença em Deus, ou particularmente, sobre sua natureza. Para outros filósofos, no entanto, esta tem sido uma questão.

Mikhail Bakunin foi um filósofo revolucionário russo, considerado por muitos como o iniciador da teoria anarquista. O anarquismo sustenta que o Estado é indesejável em todas as suas formas.

> *"Falar de Deus é falar sobre a moral e os objetivos espirituais que devemos almejar, e sobre o que devemos nos tornar (...) O verdadeiro Deus não é o Deus como um fato sobrenatural pitoresco, mas Deus como nosso ideal religioso."*
>
> Don Cupitt, *The sea of faith* (1988)

De acordo com o Antigo Testamento, Deus deu à humanidade leis específicas segundo as quais esta deve viver, escritas à mão em tábuas de pedra, para Moisés mostrar aos israelitas (quase todos analfabetos).

Como é Deus?

Tales de Mileto buscou uma explicação naturalista do mundo observável. Entretanto, ele ainda acreditava que Deus é a mente do mundo, infundida em todas as coisas. Xenófanes (c. 570-475 a.C.) acreditava que havia uma única deidade que "não era, de modo algum, semelhante aos homens, na forma ou no pensamento", mas "causava todas as coisas com seu pensamento".

Estes, claramente, não são os mesmos deuses que os de Homero – um bando de deidades antropomorfizadas, e muitas vezes impertinentes ou vingativas, que se intrometiam nos negócios humanos (até faziam sexo com humanos) em todas as oportunidades. Epicuro, filósofo da Grécia Antiga (341-270 a.C.), também rejeitou a ideia de deuses intervencionistas. Ele deixou a primeira discussão do "problema do mal", perguntando: "Deus quer evitar o mal, mas não é capaz disso? Então, Ele não é onipotente. Ele é capaz, mas não quer? Então, Ele é malevolente. Ele é capaz e está disposto? Então, como pode haver o mal?" Epicuro concluiu que os deuses não têm interesse nos assuntos humanos.

Cerca de 500 anos mais tarde, o filósofo Plotino, nascido no Egito (c. 270 d.C.), reinterpretou os escritos de Platão de forma a colocar a divindade tripartite no centro. Isto tornou-o – e através dele, Platão – imediatamente acessível à tradição cristã, e fez o pensamento de Platão transformar-se em uma posição pagã aceitável na Teologia cristã. Plotino é considerado o pai do neoplatonismo. Durante séculos, Platão foi conhecido principalmente através de Plotino.

A primeira trindade

A trindade de Plotino abrangia o Uno, o Intelecto e a Alma. Ao contrário da trindade cristã, estes não têm peso igual, mas são "estágios" sucessivos do ser contemplativo. O Uno, às vezes chamado "o Deus", está além da descrição, e é a fonte mística, inefável, da realidade. Tudo emana do Uno. Plotino acreditava que poderíamos atingir a união com o Uno, ou o Ser Superior, por meio da contemplação. O Intelecto é o "Nous", que corresponde à mente ou razão divina, e é a primeira coisa a emanar do Uno. Dele emana a Alma do Mundo, e desta, as almas individuais e a matéria. Portanto, tudo está em uma cadeia hierárquica de criação que se estende, a partir do Uno, para baixo, mas tudo ao mesmo tempo faz parte do Uno, vindo dele.

A disseminação do cristianismo e depois do islamismo pôs fim às questões sobre a natureza de Deus durante mais de mil anos. Quando, na Idade da

ARGUMENTOS EM DEFESA DA TOLERÂNCIA RELIGIOSA

O filósofo e médico inglês John Locke (1632-1704), escrevendo *Cartas sobre a tolerância* (1689-1692), deu três razões para a tolerância religiosa. A primeira, que os seres humanos mortais não podem avaliar seguramente as afirmações de diferentes religiões. Em segundo lugar, mesmo que pudéssemos ter certeza de que uma religião é verdadeira, a crença não pode ser imposta – o melhor que tal imposição poderia fazer é produzir uma conformidade simbólica com uma pesada carga de ressentimento. Em terceiro, a coerção levaria a mais discórdia e violência do que a tolerância.

O cartum de James Gilray, feito em 1790, retrata Richard Price (1723-1791), o "ateísta revolucionário". Ele era tido como "ateísta" por ser um Unitário (negava a natureza tripartite de Deus) e um "revolucionário" por apoiar a independência americana.

Razão, pensadores como Espinoza e Voltaire questionaram os dogmas prevalecentes, a natureza de Deus passou a ser debatida novamente. A questão levantada pela aposta de Pascal – na qual Deus deve ser apostado – ampliou-se, da escolha entre as diferentes nuances das religiões judaico-cristãs ou islâmicas, para oferecer também o Deus panteísta, *Geist* (espírito), descrito por Espinoza. Esse Deus não era ligado a qualquer doutrina existente, e não tinha qualquer interesse em negócios humanos. De certa forma, é o deus de um filósofo e não de um crente. Não há razão para se rezar ou adorar um deus que não seja intervencionista ou mesmo interessado nos seres humanos. Tal deidade não responde à necessidade de Kierkegaard de uma "ideia segundo a qual eu possa viver e morrer", e não fornece a base de um código moral ou estrutura social. Mas, tal deidade está isenta da questão realmente crucial que desafia os filósofos que defendem a existência de um deus intervencionista, supostamente benigno: a existência do mal.

Bem e mal

O problema do mal – como o mal pode existir em um mundo criado e cuidado por uma deidade infinitamente poderosa e benigna – foi levantado pela primeira vez por Epicuro,

2.300 anos atrás. O problema de sofrer é similar, mas mais simples em termos filosóficos. O sofrimento pode ser explicado como parte de um plano maior, que não podemos entender, ou como precursor de maiores recompensas após a morte. Mas, o mal é complexo. Por que um Deus infinitamente bom permitiria a existência do mal – ou mesmo criaria o mal?

Aqui estão algumas das respostas sugeridas por filósofos:

- Irineu de Lyon (c. 130-202 d.C.) disse que sem o mal no mundo, não poderíamos atingir o bem moral e o amor a Deus; o mal existe necessariamente para construir nossas almas.
- Santo Agostinho alegava que a ocorrência do mal é resultado da expulsão do Paraíso, mas que o mal *em si* não existe – é um desvio ou ausência do bem; assim como a cegueira não é "algo", mas a falta de visão. Adão e Eva decidiram desafiar Deus e escolheram não ser bons. Outros podem fazer a mesma escolha.
- São Tomás de Aquino seguiu o pensamento de Agostinho, acrescentando que o mal não existe como fato objetivo, mas como julgamento subjetivo. As coisas só são más quando julgadas em relação a outros eventos, coisas ou pessoas. Todas as coisas são por natureza boas, mas podem incidentalmente produzir resul-

Segundo santo Agostinho, o mal, que começou com a Queda de Adão e Eva, é a ausência do bem em vez da presença de seu oposto.

tados maus, e, portanto, a causa de todas as coisas – mesmo do mal – é o bem: "Faz parte da bondade infinita de Deus permitir que o mal exista e produzir o bem a partir deste."

Os reformistas religiosos Martinho Lutero (1483-1546) e João Calvino (1509-1564) explicaram o mal como resultado d'A Queda do Homem. Ambos acreditavam na predestinação, logo, a Queda foi uma parte inevitável do plano de Deus (como todos os males subsequentes). O plano de Deus não é inteligível pela humanidade.

Gottfried Leibniz (1646-1716), mais conhecido atualmente como matemático, alegava que Deus criou o melhor mundo possível e, portanto, as falhas são inevitáveis em todos os mundos possíveis. Ele afirmava que o mal moral e físico (respectivamente, o pecado e o sofrimento) são consequência de homens que agem com entendimento incompleto e exercem sua livre vontade de maneira não ideal. O mal é necessário para tornar o mundo "mais possível", pois virtudes como coragem e moralidade não podem ter significado, nem existir, se não houver o perigo e nem o mal como contraponto. Deus precisa fazer uma compensação capciosa entre o bem e o mal para chegar à "melhor solução possível".

O clérigo inglês Thomas Malthus (1766-1834) afirmava que o mal existe para estimular a humanidade ao trabalho árduo e ao comportamento virtuoso, como forma de escapar da fome e da pobreza: "O mal existe no mundo não para criar desespero, mas atividade."

O debate sobre o problema do mal continua. As pessoas de fé, com frequência, ficam satisfeitas em pensar que "é um mistério", mas, para a Filosofia, isto não basta. As melhores soluções parecem ser que Deus não existe ou que a definição de Deus está errada – ele não é infinitamente bom e poderoso. Mas, então, isto significa que "Deus", da forma como nós o definimos, não existe; e que, ou existe algo mais ou não existe nada.

O MELHOR DE TODOS OS MUNDOS POSSÍVEIS

A teoria de Leibniz, do melhor dos mundos possíveis, foi o alvo do romance satírico de Voltaire, *Cândido* (1759). Nele, Cândido, um jovem inocente, encara uma sequência de catástrofes infindáveis com um estoicismo despreocupado, depositando sua confiança na lição de seu tutor Pangloss de que ele está vivendo no melhor de todos os mundos possíveis. Mas, o grau de sofrimento ao qual Cândido e seus companheiros estão sujeitos é extremo demais para que eles se atenham firmemente a tal crença. No fim, Cândido acaba se desiludindo e se resigna a passar seus últimos dias cultivando vegetais.

Martinho Lutero, mostrado aqui com um cardeal, desencadeou a Reforma e o surgimento do protestantismo.

CAPÍTULO 3

O que é ser HUMANO?

"Que obra de arte é o homem! Como é nobre na razão! Como é infinito em suas faculdades! Na forma e no movimento, como é expressivo e admirável! Na ação, é como um anjo! Em inteligência, é como um Deus! A beleza do mundo! O modelo dos animais! E, no entanto, para mim, o que é esta quintessência do pó?"

William Shakespeare, *Hamlet*, (1599-1602)

"(...) tu és a própria coisa. O homem, sem os artifícios da civilização, é só um pobre animal como tu, nu e bifurcado."

William Shakespeare, *Rei Lear*, (1603-1606)

O que você é? Uma mente? Um corpo? Uma mente e um corpo? Uma mente dentro de um corpo? Você realmente existe? Por que você existe?

Eu/você existimos?

Posso parecer pedante por sentir a necessidade de provar que você existe, mas a existência é uma precondição para "ser como" – não há razão para tentar resolver o que é ser humano se não estivermos seguros de nossa existência.

Muitos filósofos ligaram a existência à consciência. Ser consciente de nossa existência é, portanto, considerado uma prova suficiente desta existência, pois nós temos de ter alguma forma de existência já que podemos indagar se existimos. Aristóteles escreveu que "ter consciência de que estamos percebendo ou pensando é ter consciência de que existimos". Santo Agostinho ressaltou que não podemos afirmar que não existimos, porque o fato de termos de argumentar prova que estamos errados – o que não existe não pode argumentar.

O filósofo muçulmano Avicena, ou Ibn Sīnā, nascido no atual Uzbequistão, concebeu uma experiência hipotética enquanto estava na prisão. Conhecida como o "homem flutuante", propunha que se um homem viesse a ser, de repente, suspenso no ar sem nenhum dispositivo sensorial além de seu próprio corpo, ele ainda teria consciência e poderia pensar. A conclusão de Avicena foi que o próprio ato de pensar e ser consciente de si provaria para aquele homem que ele existe. Além disso, o exercício hipotético mostra que a mente ou a alma é separada do corpo, pois pode agir sem qualquer inter-relação com o corpo. A primeira consciência de que a mente ou o homem flutuante viriam a ter seria sua própria existência, ou sua essência. Esse *self* claramente não depende de qualquer corpo físico; portanto, mente e corpo estão separados, e a mente é imaterial.

> *"A realidade de objetos exteriores não é passível de nenhuma demonstração rigorosa, enquanto a realidade do objeto de nosso sentido interno (de mim mesmo e de meu estado) parece ficar imediatamente clara pela consciência."*
>
> Immanuel Kant, *Crítica da razão pura* (1781)

A afirmação mais famosa da prova da existência é *Cogito ergo sum*, de René Descartes: "Penso, logo existo" (e também: "duvido, portanto penso, portanto existo). Ela é muito semelhante à posição de Aristóteles e de Agostinho, mas, sendo uma versão mais sucinta, o *Cogito ergo sum* de Descartes é mais sintético e vai direto ao ponto. A versão de Kant, do mesmo argumento, é mais longa e prolixa, mas diz o mesmo.

Mesmo com todos esses filósofos respeitados e com o bom senso a favor de nossa existência, há aqueles que duvidaram da prova dela. Alguns críticos destacam que o ato de pensar prova apenas que o "Eu" pensa, e não que o "Eu" existe. Como o filósofo finlandês Jaakko Hintikka (nascido em 1929) enfatizou, se a afirmação estivesse errada nos restaria uma impossibilidade: "Eu não existo, mas ainda estou errado" – você não pode estar errado se você não existe. O filósofo francês Pierre Gassendi (1592-1655) ressaltou que o pensamento só demonstra a existência do pensamento em si – que esse ato de pensar está acontecendo. Friedrich Nietzsche, Søren Kierkegaard e David Hume, todos fazem as mesmas ponderações. É um salto grande demais supor a existência do "Eu" reivindi-

Qual parte de nós nos leva a querer fazer arte, nos torna capazes de apreciar a arte e de nos comover com ela?

cada por Descartes. Reconhecer a existência de pensamentos não é evidência de que alguém seja um determinado pensador – o pensador de "eu penso, logo existo" poderia facilmente ser tanto um girino quanto Descartes, e poderia estar totalmente enganado no que percebe ser sua identidade pessoal.

Contudo, o argumento de Kierkegaard não era que Descartes não existia, mas simplesmente que a lógica era um pouco circular. Temos de pressupor que um pensador existe para fazer qualquer reflexão; logo, tomar o pensamento como evidência da existência não é aceitável. A questão volta

21 GRAMAS

Um médico americano, Dr. Duncan McDougall (1866-1920), tentou determinar o peso da alma humana. Ele pesou seis pacientes idosos que estavam morrendo de tuberculose e registrou uma perda média de peso de 21 gramas, com o óbito. Depois de conduzir o mesmo experimento com ovelhas, ele afirmou ver um ligeiro aumento no peso, seguido de uma redução – um resultado que ele explicou sugerindo que uma alma-portal chegava pouco antes de a alma partir, e isso causava um aumento da massa do corpo por um breve momento. O mesmo experimento com cães não produziu variação na massa. Ele concluiu que a alma humana pesa cerca de 21 gramas, e que os cães não têm alma (embora presumivelmente as ovelhas tenham).

As descobertas de McDougall não são consideradas confiáveis.

para o que é o "Eu". O que você é ou quem é você?

Esta roda da reencarnação de Dazu (China, 1177-1249) retrata a crença budista de que a alma é reencarnada em uma série de corpos humanos e não humanos.

Corpo e espírito

Desde tempos primordiais as pessoas devem ter percebido que há uma diferença clara entre mortos e vivos. Nos mortos, algo se foi. Eles não têm mais *anima* (alma, em latim). Falta-lhes a alma, ou o que achamos que nos torna seres vivos e pensantes. Durante milhares de anos algumas pessoas inventaram histórias ou usaram a religião para explicar para onde foi a parte viva do ser humano. Talvez esta volte a se unir ao Uno universal. Talvez ela fique pairando, durante um tempo, como um espírito ancestral que é capaz de intervir em nome dos vivos. Talvez mantenha sua integridade pessoal e passe para outro mundo. Talvez seja "reciclada", reaparecendo em outro corpo, seja humano ou de outra criatura. Ou talvez, de um modo mais sombrio, simplesmente desapareça. O dualismo mente e corpo surgiu, de forma variável, em culturas pelo mundo todo e tem sido um aspecto persistente na religião e na Filosofia.

A religião é fomentada com a separação entre o corpo e a alma (ou mente não substancial) – com o espírito variando, ora no controle da "casca" que habita, ora sendo forçado a comportamentos pecaminosos pelos anseios depravados do corpo. Para a Filosofia, isto levanta vários pontos de debate que incluem onde deveríamos localizar o que chamamos de "Eu", e se o conhecimento nos chega de modo mais confiável através dos sentidos físicos ou da razão (não física).

O PROBLEMA MENTE/CORPO

O problema mente/corpo é essencialmente este: qual é a relação entre a mente e o corpo (ou entre fenômenos mentais e físicos)?

> *"O que é que, quando presente em um corpo, o torna vivo? – Uma alma".*
> Platão, *Fédon*

Parece haver dois estados: físico e mental. As coisas e os estados físicos são públicos – podemos ver se alguém é gordo ou magro, alto ou baixo, por exemplo. Os estados mentais são privados: não podemos dizer o que alguém está pensando ou sentindo (embora possamos reunir pistas com base em sinais físicos). Outras indagações brotam da abrangente questão mente/corpo: "O que são estados físicos e mentais?" "Como a mente pode afetar o corpo ou vice-versa?" "O que sou 'Eu' ou onde estou 'Eu', a pessoa que eu acho que sou – sou/estou (n)a mente ou (n)o corpo?" "O que é a consciência e como ela está relacionada com a mente e com o corpo?"

De modo geral, existem três tipos de abordagem. Na visão fisicalista ou materialista tudo é um estado físico, inclusive a mente. Já os idealistas dizem que todas as coisas são mentais (por exemplo, nós construímos a realidade que vivemos). Por fim, os dualistas afirmam que tanto o físico quanto o mental são reais.

Uma, duas ou três partes?

Em seu diálogo *Fédon*, Platão considerava que os humanos abrangiam três componentes: alma, mente e corpo. A alma faz parte do Ser Universal e é imortal. Enquanto estamos vivos ela está presa ao corpo, junto com a mente. A mente aspira ao conhecimento das Formas ideais, mas o corpo é arrastado para os prazeres sensuais mundanos. É tarefa da alma tentar guiar o corpo e a mente para fazê-los funcionar juntos, assim como um charreteiro tenta dirigir uma charrete comandando o cavalo. É uma tarefa desafiadora para alma e raramente bem-sucedida; logo, a maioria das pessoas tem suas vidas dominadas por suas necessidades e desejos físicos.

Para Platão, a alma não é material e nem é destruída com a morte. Ela volta para o Ser Universal e, mais tarde, é reencarnada em outro ser. Aparentemente, este não é o pensamento padrão antes de Platão; o público que assistia aos pronunciamentos de Sócrates sobre a alma, no *Fédon*, ficava surpreso ao ouvi-lo dizer que a alma não se

A crença em fantasmas pressupõe um modelo dualista da existência humana. Depois da morte do corpo, algum tipo de espírito ou consciência continuaria existindo.

dissipava com a morte do corpo, tal como a respiração ou a fumaça.

Diferentes classificações de almas

Para Aristóteles, discípulo de Platão, a alma fazia parte de um ser que tinha responsabilidade causal por suas atividades animadas. Ele via na alma uma hierarquia, sendo que os níveis superiores abrangem os inferiores. O mais básico fornece apenas as capacidades de nutrição e reprodução, o seguinte fornece também as capacidades de locomoção e percepção, e o mais elevado inclui a capacidade de raciocinar. Uma alma "básica", vegetativa, pode animar uma planta; uma alma um pouco mais elevada, sensitiva, pode animar um animal, mas um ser humano precisa de uma alma racional, de nível elevado.

Para Aristóteles a alma é inseparável do corpo. É o que dá ao corpo a capacidade de fazer coisas. A alma não pode, na visão dele, sobreviver à morte do corpo, nem assume nenhuma forma individualizada. Cada um de nós tem uma alma distinta, pois somos pessoas distintas, mas a essência de nossas almas

Ficções como O Médico e o Monstro, *e estórias de lobisomem, têm suas raízes na noção de que temos necessidades conflitantes – de um lado visamos à realização de desejos físicos e de outro desejamos um modo de ser mais elevado, espiritual ou racional.*

Na iconografia bizantina, a alma é retratada como um pássaro preso em uma gaiola. O pássaro livre foi solto pela morte.

é a mesma, assim como a estrutura óssea dos homens é a mesma. Assim, embora a alma não tenha a materialidade do corpo, ela não é algo etéreo que possa continuar a existir independentemente, ser reciclado ou ser responsável pelo virtuosismo ou não do indivíduo.

Para Aristóteles, a matéria não tem propriedades próprias, separadas da alma. A maneira como a matéria se comporta depende da Forma que há nela, e a Forma é dada pela alma. Logo, um pedaço de carne poderia ser de um humano e outro poderia ser de um antílope – os constituintes materiais são os mesmos, mas a alma (Forma) é diferente.

Ligeiramente dotados de alma

Epicuro adotou uma visão ainda mais fisicalista. Ele seguiu Demócrito (c. 460-370 a.C.) acreditando que toda matéria consiste de partículas minúsculas ou átomos. Os átomos da alma, dizia ele, são mais ágeis do que aqueles do corpo, mas também são entidades físicas. Epicuro fez uma alteração importante na teoria de Demócrito. Segundo ele, originalmente os átomos moviam-se em linhas paralelas no vácuo, mas alguns, por um ato de livre-arbítrio, desviavam e colidiam com os outros. Tais colisões fizeram surgir os diferentes tipos de matéria no universo. (Com exceção das linhas paralelas, esta é essencialmente a mesma posição da Física moderna – ao colidirem, os átomos de hidrogênio produzem primeiro hélio e, através de outras combinações, formam outros elementos.) Estendendo este modelo aos seres humanos, Epicuro entendeu a alma como nada mais do que o movimento de átomos no corpo material, mas com os átomos da alma deslocando-se livremente à sua volta. Essa propriedade inexplicada do livre-arbítrio atômico levou ao livre-arbítrio dos homens.

Com esses três filósofos clássicos já há uma certa compilação de teorias sobre almas que varia de uma alma imortal distinta do corpo, para algo que é inteiramente físico e apenas com ligeiras diferenças na forma em relação ao corpo. Embora não compartilhemos mais a visão de Epicuro sobre a maneira como a matéria funciona, sua teoria encontra sua contrapartida moderna na crença de que todo pensamento, intencionalidade e personalidade originam-se apenas dos processos físicos e químicos neurológicos. Ou, como o filósofo francês Maurice Merleau-Ponty colocou no século XX, "eu sou meu corpo".

A alma neoplatônica

As crenças dos antigos sobre este assunto, como sobre tantos outros, foram filtradas na Europa medieval e depois renasceram nos escritos de Plotino e dos primei-

A Escola de Atenas, *pintada em 1509-1511 por Rafael, mostra Platão (no centro, à esquerda) conversando com Aristóteles (no centro, à direita).*

ros tradutores. Plotino, como de costume, adaptou uma visão platônica. Ele também adotou uma abordagem tripartite, com o Uno no topo, seguido do Intelecto e da Alma, colocados abaixo dele. A Alma tem dois aspectos: um que olha para cima ou para dentro em direção ao divino, por meio do Intelecto, e o outro, que olha para fora e é a Natureza. A Natureza é responsável pelo mundo material. A Alma corresponde ao pensamento racional. O Intelecto é a fonte dos arquétipos ou das Formas platônicas, e, em sua esfera, não há distinção entre pensamento e objeto, entre aquele que percebe e o que é percebido. Plotino descreve o Intelecto como a luz do Sol: ele ilumina o Uno, e é o meio pelo qual o Uno contempla a si próprio.

Ambos os níveis de Alma estão presentes nos humanos, e cabe a nós nos ocupar de interesses corporais inferiores, da Natureza, ou dedicar nossa atenção às realidades de nível superior, do Intelecto.

Essas três camadas de realidade, o Uno, o Intelecto e a Alma, são níveis de contemplação de uma realidade eterna, singular, e não estão sujeitos a uma progressão ao longo do tempo. A Natureza cria o tempo como

> *"Mas, então, o que sou eu? Uma coisa que pensa. O que é isso? Uma coisa que duvida, entende, afirma, nega, deseja, refuta e que também imagina e percebe."*
>
> René Descartes, *Meditações* (1641)

um tipo de artifício porque não pode contemplar o divino. De acordo com Plotino, o tempo só surge na ordem inferior de existência porque a Alma não pode contemplar diretamente as Formas Ideais, mas apenas aquelas fragmentadas em objetos percebidos em uma sequência de momentos.

Deus sequestra o corpo e a alma

Com o aparecimento e o crescimento do cristianismo na Europa, o corpo e a alma assumiram formas mais fixas e ligeiramente diferentes. Tomás de Aquino, conciliando Aristóteles com a doutrina cristã, tomou o modelo aristotélico do corpo constituído tanto de matéria quanto de Forma, com a alma fornecendo a Forma. Mas, ao manter o pensamento cristão, ele rejeitou a ideia de Aristóteles de que o corpo e a alma eram igualmente corrompíveis e dissipavam-se com a morte. A Igreja ensinava que a alma sobrevive à morte, sendo imortal.

Aquino, no entanto, não pensava que a alma fosse o mesmo que a pessoa, sem o corpo. Com a morte do corpo, a personalidade e as memórias daquele ser humano se perdem. Ele seguiu o ensinamento cristão de sua época ao considerar que no Dia do Julgamento o corpo e a alma reuniriam-se para formar uma só pessoa.

O "fantasma na máquina"

Talvez o retrato mais famoso da divisão entre o corpo e a alma seja o chamado "dualismo cartesiano". René Descartes (1596-1650) acreditava na existência de apenas dois tipos de substâncias: mente e matéria. (Deus não era considerado como nenhum tipo de

O retrato da alma abandonando o corpo, feito por William Blake, mostra-os como duas entidades distintas (1808).

> **O ARGUMENTO A PARTIR DA INDUBITALIDADE – UM ARTIFÍCIO ELEGANTE**
> Descartes testou suas ideias pensando sobre o que ele podia duvidar e sobre quais coisas ele se sentia seguro. Ele concluiu que não poderia duvidar da existência de sua mente, mas poderia duvidar da existência de seu corpo (poderia apenas imaginá-lo). Como as coisas das quais ele duvidava eram diferentes daquilo que ele não duvidava, concluiu que mente e corpo devem ser coisas distintas.

substância.) Tais substâncias têm características distintivas. A matéria é a extensão física no espaço – "aquilo que está aí"[1], poderíamos dizer. A mente é a atividade de pensar.

Além disso, Descartes afirmava que enquanto o corpo é divisível, a mente não é. Podemos perder uma perna e nosso corpo ainda vive e existe, mas não podemos ter meia mente ou meio pensamento. John Locke tentou contra-argumentar dizendo que quando estamos inconscientes ou sonolentos, a atividade mental pode ser descontinuada. Contudo, este não é um bom argumento, pois ele está citando a descontinuidade ao longo do tempo, enquanto Descartes falou sobre a divisibilidade espacial.

A matéria segue leis deterministas – não pode agir aleatoriamente. Uma das descobertas determinantes da época de Descartes foi que as leis físicas governam o universo material, e seus próprios estudos matemáticos seguiam esse preceito. O corpo físico, portanto, deve funcionar de acordo com regras. Descartes via o corpo como uma máquina, controlado pela mente. Mas como a mente, que não tem substância, interagiria com o corpo – puxando as alavancas para que este funcionasse? Descartes concluiu que deveria existir um órgão que permitisse essa interação e este seria a glândula pineal – uma pequena estrutura inserida na base do cérebro.

DEUS ENTRA EM AÇÃO

Situar a mente (ou a alma) em um órgão não tem a ver com o mecanismo de interação. Se a mente e o corpo são diferentes, sendo a mente totalmente distinta das coisas corpóreas, então, como um deles pode ter qualquer efeito causal sobre outro? Claramente, nossas mentes e corpos interagem: prender um dedo em uma porta nos faz sentir dor; quando decidimos praticar uma atividade física, nossos corpos respondem.

Para resolver o dilema, o filósofo francês Nicolas Malebranche (1638-1715) colocou Deus em ação (literalmente). Deus é o único poder causal, afirmava Malebranche. A mente individual é uma limitação do Uno universal que é Deus. Nossas mentes não têm poder causal no mundo físico. Nem os objetos físicos têm poder para afetar outros

> *"Não estou meramente presente em meu corpo da forma como um marinheiro está presente em seu navio, mas (...) sou tão conectado e, podemos dizer, tão misturado a ele, que formamos uma coisa única."*
> René Descartes, *Meditações* (1641)

[1] "Aquilo que está aí" foi a melhor forma que encontramos para traduzir *thereness*, que não possui uma tradução. Literalmente, significa "a qualidade de estar aí" (N.R.).

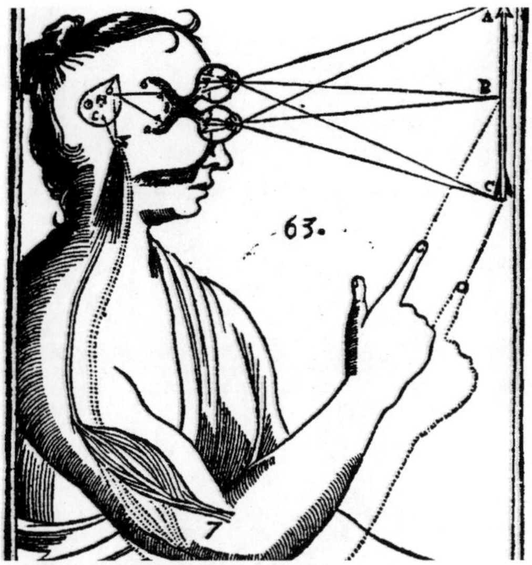

Modelo de Descartes de como a mente e o corpo interagem. A luz de um objeto atinge os olhos, onde a informação é transmitida para a glândula pineal, a parte do corpo que ele acreditava ser responsável por fazer a mediação entre mente e matéria. Uma instrução para mover a mão pode ser iniciada pela glândula pineal.

objetos físicos, uma vez que, para se fazer algo acontecer é necessário saber como causar isso. Em todo caso, Deus age como um intermediário, fazendo uma ação voluntária acontecer. Isso demanda muito de Deus, pois Ele precisa estar atento a todos o tempo todo, erguendo braços ou pernas dos indivíduos, fechando seus olhos, erguendo uma xícara, sempre que eles solicitam. A mente e o corpo são como dois relógios ligados por Deus e mantidos em sincronia um com o outro por atos divinos. Esta é a doutrina do *ocasionalismo*.

Embora o ocasionalismo pareça resolver o problema da interação mente-corpo, esta teoria tem seus problemas – um deles é a existência de Deus. Hume – que não acreditava em Deus – satirizava isso, considerando ridícula a ideia, e dizendo que "Se não podemos nem mesmo dizer como a mente humana funciona, quem somos nós para adivinhar como funciona a mente de Deus?"

Negando o dualismo

Uma visão totalmente materialista, na qual a mente é entendida puramente como produto ou aspecto do cérebro físico, resolve o problema ao negar o dualismo. A visão de Espinoza era a de que mente e corpo são simplesmente maneiras diferentes de olhar partes de um todo único e abrangente. Isto elimina o problema de negar a existência separada da mente e do corpo. O filósofo alemão Friedrich Schelling (1775-1854) chegou a uma conclusão parecida por um método indireto e confuso que até mesmo Hegel teve dificuldade de entender, ao fazer a denúncia de que "Tudo (...) [é] uma massa emaranhada de abstrações."

Hume discordava da afirmação de Descartes sobre a indivisibilidade, dizendo que não há razão para supor que temos uma unidade de pensamento ou percepção, em vez de uma diversidade. Temos muitos pensamentos, sonhos e percepções, portanto, sob que pretexto podemos juntar todos eles e dizer que a mente é indivisível? Em vez do *self* ser algo pensante, não é mais que um feixe de percepções. De fato, o termo "feixe" implica o agrupamento de algum tipo de unidade.

Immanuel Kant replicou a esse argumento dizendo que é necessário pressupor um ego (um *self*) que faça essa percepção, caso contrário, o conjunto de "dados que fazem sentido" quando vemos uma árvore ou ouvimos o vento permaneceria sem interpretação

No pensamento cristão convencional a alma anseia por Deus e o corpo, com frequência, intervém, com suas necessidades de satisfação física.

– eles não teriam sentido. Kant ressaltou que a mente pode se deteriorar, e não há razão para supor que ela não se deteriora nem morre com o corpo.

Gilbert Ryle (1900-1976), que cunhou o termo "o fantasma na máquina" para se referir ao modelo cartesiano de como a mente comanda o corpo, descartou o dualismo como um "erro de categoria", dizendo que mente e corpo são a mesma coisa e que de fato não existe lacuna entre atos mentais e comportamentos. Os sentimentos manifestam-se através do comportamento, e a separação de sentimentos é apenas um construto[2] expressado pela linguagem. Isto ocorre porque usamos a linguagem para

[2] "Construto" não é um termo muito usado em Filosofia, é mais comum em Psicologia, mas para o conceito nesta passagem é o termo que melhor encontramos para tradução.

descrever o que está acontecendo. Ryle também observou que no discurso dualista a mente é sempre descrita em termos negativos: não física, não espacial, não temporal, não observável. Se o corpo funciona como um relógio, a mente "não faz parte do mecanismo do relógio (...) mas do não mecanismo do relógio". Além disso, Ryle observou que quando falamos sobre estados mentais ou emocionais, o que descrevemos na realidade é uma tendência de nos comportarmos de certo modo. Se dizemos que alguém está irritado ou triste, esperamos ou prevemos certos comportamentos que demonstrem essas emoções – não compreendemos diretamente qualquer estado interior.

Você é hoje o que era antes?

Onde quer que pensemos que nossa identidade esteja localizada, seja em uma mente separada ou em "feixes de percepções", todos nós sentimos que somos alguém. Definir e especificar esse alguém pode ser difícil. O *self* é escorregadio, inclinado a mudar com o tempo e a experiência. De que formas permanecemos a mesma pessoa?

Em *Ensaio sobre o entendimento humano* (1689), John Locke propôs que a continuidade da consciência é o que determina a identidade. Para ele, a identidade ou a continuidade no corpo não se originavam no corpo, ou mesmo na alma: alguém poderia ser a reencarnação de Platão, mas não *seria* Platão, não teria a continuidade de consciência *de* Platão. É com base na consciência contínua, nas lembranças do que fizemos, dos sentimentos que tivemos e em nossos traços de personalidade que podemos dizer que somos a mesma pessoa e, portanto, sermos responsabilizados por atos que cometemos no passado.

O *self* não tinha lugar na teoria do "feixe de percepções", de Hume. Ele acreditava que partes da alma ou da consciência são um bem comum, ou uma vaga coleção de percepções, pensamentos, memórias e opiniões. De fato, Hume até afirmou que a identidade pessoal é uma ficção. Ele também observou, no apêndice de seu *Tratado sobre a natureza humana* (1739-1740), que estava insatisfeito com o modo como abordou o *self* – mas nunca o retomaria.

O filósofo escocês Thomas Reid (1710-1796) questionou a ideia de Locke de que a identidade pessoal seria originada pela continuidade ao longo do tempo, com seu argumento "O oficial corajoso":

"Suponha-se que um oficial corajoso, quando era rapaz, foi açoitado na escola por ter roubado um pomar; que tomou um estandarte ao inimigo na sua primeira campanha; e que foi promovido a general

"FILOSOFÊS": ERRO DE CATEGORIA

Erros de categoria podem ocorrer sempre que um conceito é mal entendido ou inadequado. Um exemplo seria dizer que existem três coisas em um campo: duas vacas e um par de vacas. Outro seria mostrar a uma pessoa todos os edifícios que compõem uma universidade – as bibliotecas, quadras esportivas, alojamentos estudantis – e, depois dessa visita, essa pessoa perguntar onde está a universidade em si, pois entendeu mal o conceito de "universidade".

John Locke (1632-1704) se pôs a investigar os mecanismos do pensamento e do entendimento humanos.

em uma idade avançada. Suponha-se também – o que temos de admitir como possível – que, quando ele tomou o estandarte, estava consciente de ter sido açoitado na escola; e que, quando foi promovido a general, estava consciente de ter tomado o estandarte, mas tinha perdido absolutamente a consciência do seu açoitamento."

De acordo com Locke, o general deve ser a mesma pessoa que o oficial corajoso e, este oficial corajoso, a mesma pessoa que o menino que roubou o pomar. Mas, como não há ligação psicológica entre o general e o menino, eles não são a mesma pessoa. A força do argumento reside em mostrar que a proposição de Locke resulta em uma contradição, porque o general é, e não é, a mesma pessoa que o menino que recebeu punição física na escola. A transitividade de identidade é o princípio de que se A=B e B=C, então, A=C. Mas o critério de identidade pessoal estabelecido por Locke contradiz esta regra; seu critério, como uma condição necessária ou suficiente de identidade, deve ser rejeitado.

A ascensão do indivíduo

Definir a identidade humana em termos dos mecanismos do corpo ou seu compartilhamento de um grande espírito universal é algo que não está de acordo com nossa experiência pessoal de identidade. O questionamento desses métodos – ambos parecem ser reducionistas, embora de maneiras diferentes – começou próximo ao final do século XVIII. O filósofo franco-suíço Jean-Jacques Rousseau (1712-1778) e os filósofos alemães Arthur Schopenhauer (1788-1860) e Friedrich Nietzsche, entre outros, achavam que a consciência humana não pode ser reduzida a partes de um corpo que operam mecanicamente, ou a uma parcela minúscula da cabeça de um deus inclusivo ou de um espírito natural.

O que passou a ser conhecido como movimento Romântico tentou afastar a humani-

O NAVIO DE TESEU

O historiador grego Plutarco descreveu um paradoxo relacionado ao navio de Teseu. Quando partes do navio desmoronavam eles as substituíam por madeira nova. Eventualmente, nenhuma das partes originais permaneceu. Ainda seria o mesmo navio?

Versões do paradoxo referentes a objetos diferentes proliferaram. O paradoxo pode ser aplicado ao corpo humano: ao longo da vida, nossas células são repostas de modo que, literalmente, não somos mais a mesma pessoa, em termos de nosso ser físico – no entanto, nós nos consideramos os mesmos.

dade do trabalho penoso, induzido pela Revolução Industrial e orientado para a tecnologia, e reivindicar o indivíduo na Filosofia. A Natureza e a arte eram ambas consideradas o verdadeiro lar do espírito humano, a fonte de autorrealização edificante e libertadora. As fortes paixões do indivíduo – a luta pelo *self*, o envolvimento apaixonado com os outros, com a natureza e com Deus – foram colocadas no centro da experiência humana.

> *"[O* self *é] aquela coisa pensante consciente (qualquer que seja a substância, não importa do que seja composta, seja espiritual, ou material, simples ou complexa) que é sensível, ou consciente de prazer e dor, capaz de alegria ou sofrimento, e portanto preocupada consigo mesmo, no que se estende à consciência."*
>
> John Locke, *Ensaio sobre o entendimento humano* (1689)

Infância: educando o novo indivíduo

Rousseau escreveu um dos tratados mais importantes sobre educação e sociedade de seu tempo – talvez de todos os tempos. Ele achava que a condição perfeita dos humanos podia ser realizada se pudesse florescer na infância. As ideias dele sobre liberdades pessoais e responsabilidades sociais são centrais à Revolução Francesa e à Declaração de Independência Americana.

Rousseau acreditava que a humanidade – em sua condição inata – era boa e moral,

A banda inglesa Sugarbabes formou-se em 1998. Uma a uma as integrantes da banda original saíram e foram substituídas, de modo que, em 2009, nenhuma das primeiras integrantes permaneceu. Em 2011, o trio original formou uma nova banda, mas a Sugarbabes ainda existia.

O espírito do movimento Romântico é captado nesta pintura que mostra o homem nobre e triunfante contemplando a natureza.

mas essas qualidades foram encobertas e corrompidas pela natureza da sociedade contemporânea. Ele defendia a educação mais natural (e universal), em que as crianças primeiro receberiam ensinamentos sobre a moralidade, deixando o desenvolvimento intelectual para mais tarde. Em particular, a educação religiosa deveria esperar até que a criança completasse 18 anos de idade e tivesse desenvolvido o espírito crítico. Rousseau não era a favor da doutrinação, nem da adoção de crenças sem análise crítica. Ironicamente, por melhores que fossem suas intenções em relação ao ser humano, Rousseau mandou quatro de seus próprios filhos para um orfanato porque não queria se incomodar com eles, nem arcar com despesas para criá-los.

Para Rousseau, a sociedade contemporânea, a industrialização, a ganância e a ciência formaram uma crostra de corrupção que encobria a nobreza natural da humanidade. Uma vida mais simples, mais próxima da natureza e focada nos sentimentos e na compaixão era a forma de as pessoas perceberem seu potencial e levarem a vida para a qual nasceram. Seus dois trabalhos mais importantes, *O Contrato Social* e *Emílio*, foram publicados em 1762.

Em *Emílio*, Rousseau apresenta um plano para a educação ideal de um jovem. Ele achava que o processo deveria ser centrado na criança. Esta deveria ser criada no campo, trabalhando sob a orientação de um tutor que lhe permitisse a experiência vivencial, mas garantisse sua segurança. A educação inicial estava ligada às emoções, sendo os assuntos que exigiam raciocínio introduzidos após os 12 anos. Rousseau afirmava que não existia virtude no método usual de educação, o qual exigia que a criança usasse a razão desde cedo; pois, se elas fossem capazes de raciocinar, não precisariam ser educadas. Ele também defendia que os adolescentes aprendessem um ofício, como carpintaria, tanto pelos benefícios que esta oferecia quanto pela garantia material, caso sua sorte mudasse.

O escritor alemão Johann Wolfgang von Goethe (1749-1832) se tornou célebre como figura literária no movimento Romântico. Mas seu trabalho também teve repercussão na Filosofia. Um tema recorrente em sua obra foi a tensão entre o indivíduo apaixonado e as restrições da sociedade. Um dos influenciados por ele foi Schopenhauer, talvez o filósofo mais pessimista de todos os tempos.

A VONTADE OU A FALTA DELA

Enquanto a visão que Rousseau tinha do potencial humano era extremamente oti-

Talvez seguindo o conselho de Rousseau, Luís XVI aprendeu o ofício de chaveiro. Infelizmente, a sorte mudou para ele de uma maneira tão extrema que nem foi possível iniciar uma vida nova como chaveiro, pois ele foi executado durante a Revolução Francesa.

mista, Schopenhauer tinha uma posição exatamente oposta. Este considerava que as pessoas eram eternamente submetidas à força dominante da Vontade, que consistia em uma tentativa permanente e universal de capturar e escravizar cada indivíduo. Juntamente com Kant, Schopenhauer considerava o Fenomênico (mundo físico) uma ilusão. Ele acreditava que a realidade – a "coisa em si" – fosse realmente a Vontade. Esta manifestava-se em todos os fenômenos e seres, pois tem um desejo insaciável de revelar-se ao mundo. Estamos todos à mercê da Vontade, escravizados por suas demandas, e ela é a causa de todo o nosso sofrimento. Schopenhauer acreditava que a Vontade fosse revelada ao *self* subjetivo de modo imediato e não conceitual, embora ele nunca tenha explicado o que abrange essa consciência imediata. É difícil imaginar como o cenário de Schopenhauer era sombrio. Ele considerava o mundo como o inferno, onde as pessoas desempenhavam o papel tanto das almas condenadas quanto dos demônios atormentadores.

Schopenhauer achava que a maneira de escapar do sofrimento era dominar a Vontade e livrar-se dela. Poderíamos superá-la através da contemplação das artes (particularmente a música), da compaixão, da contemplação religiosa e do asceticismo.

A arte e a música permitem-nos contemplar a Vontade universal separada de nossas próprias aspirações individuais, possibilitando uma certa objetividade. A paixão por outra pessoa leva-nos a nos reconhecer nela e reconhecê-la em nós, e isto aquieta o clamor da Vontade. O que mais gera a paz, no entanto, é a realização religiosa. Uma vida de ascetismo e meditação, negando a Vontade, leva a uma contemplação bem-aventurada do vazio. (Schopenhauer foi o primeiro filósofo ocidental a ser fortemente influenciado pelas religiões orientais.)

Schopenhauer defendia que reconhecer nossa escravização nos leva a perceber que não devemos temer a morte: é o desejo da Vontade de existir no mundo das aparências que faz surgir nossa existência individual e, consequentemente, nosso sofrimento. Como devemos resistir à Vontade, o argumento de Schopenhauer parece ser favorável ao suicídio, a fim de frustrar o plano malévolo da Vontade. Ele tenta evitar essa conclusão afirmando que como o suicídio é um ato da Vontade, este constitui a rendição do intelecto. É melhor derrotar a Vontade através da contemplação.

O poema Fausto, de Goethe, trata das questões da liberdade e do desejo ardoroso do indivíduo pelo conhecimento e pela realização. Fausto faz um pacto com o diabo – sua alma em troca de conhecimento. Goethe levou quase 60 anos para escrevê-lo (1773-1831).

Nietzsche foi fortemente influenciado por Schopenhauer, mas não compartilhou seu extremo pessimismo sobre o destino da humanidade. Ele via a Vontade não como um senhor dos escravos, mas como uma força potente, capaz de impelir os humanos à grandeza, se puderem concretizar suas realizações. O conceito dele de *Übermensch* – "super-homem" ou "além-homem" – é parecido à virtude do homem de Aristóteles. O *Übermensch* é o humano psicologicamente forte, que não se curva ao "escravismo moral" do cristianismo, capaz de forjar novos valores e ideais, pelos quais a humanidade moderna (no final do século XIX) pode esperar dar um passo adiante, rumo ao admirável mundo novo.

> *"Para nosso espanto, de repente existimos, depois de não termos existido por muitos milênios; em pouco tempo voltaremos a não existir, também por vários milênios. Isto não pode estar certo, diz o coração."*
>
> Arthur Schopenhauer, *O mundo como vontade e representação* (1819)

O *Übermensch* descrito por Nietzsche em *Assim falou Zaratustra* (1883-1885) é um objetivo que a humanidade pode estabelecer

SUPER-HOMEM (SEM CALÇAS APERTADAS)

Friedrich Nietzsche foi um dos filósofos mais profundos e enigmáticos da história. Infelizmente, ele também se tornou um dos mais controversos por causa da forma como suas ideias foram utilizadas pelos nazistas.

Nietzsche nasceu perto de Leipzig, que atualmente faz parte da Alemanha, em 1844. Seu pai, um ministro luterano, morreu em 1849 e seu irmão, ainda bebê, no ano seguinte. Nietzsche, sua mãe e sua irmã foram morar com os pais de seu pai. Em 1864, enquanto estudava Teologia, Nietzche perdeu a fé e dedicou-se à filologia (o estudo da língua). Ele então se interessou pela Filosofia depois de ler os trabalhos de Schopenhauer, em 1865, e, consequentemente, embarcou em seus próprios estudos. Depois de um breve período no Exército, Nietzsche foi convidado a lecionar na Universidade de Basileia, quando tinha apenas 24 anos. Ele abriu mão da cidadania prussiana ao se mudar para a Suíça, para assumir seu novo posto, e permaneceu sem pátria pelo o resto de sua vida.

Em 1879, problemas de saúde o forçaram a renunciar ao posto acadêmico. Ele passou os dez anos seguintes como autor independente, viajando pela Europa. Em 1889, sofreu um esgotamento mental sério e permaneceu gravemente enfermo até sua morte em 1900.

Nietzsche ganhou fama mundial durante os últimos anos de sua vida, mas sua reputação foi maculada pelas ações de sua irmã, que usou seus escritos para impulsionar a causa nazista. Elisabeth rompeu relações com seu irmão depois de se casar com um homem que sustentava visões antissemitas radicais.

Ela se mudou com o marido para o Paraguai, para formar Nueva Germania, que pretendia ser uma comunidade modelo construída sobre as virtudes da cultura e da sociedade alemã. A colônia não deu certo. Seu marido se matou, e Elisabeth voltou para a Alemanha em 1893, onde, aos poucos, assumiu o controle do legado literário de seu irmão. A versão por ela corrompida de *A vontade de poder*, mais tarde foi usada, com o endossamento de Elisabeth, como evidência de que Nietzsche simpatizava com as visões defendidas pelos nazistas. Na verdade, ele não simpatizava. Nietzsche não era fã de nada alemão, e considerava o termo "cultura alemã" uma contradição. Quando Elisabeth morreu em 1935, Hitler foi ao funeral dela. Devido às ações dela, a filosofia de Nietzsche caiu em descrédito e até hoje não se recuperou plenamente.

> *"Como os homens são belos! Admirável mundo novo que tem tais habitantes."*
>
> *A tempestade,* William Shakespeare (1610–1611)

para si, de modo que gerações futuras sejam superiores. É fácil ver como isto poderia ser distorcido por um regime que sonhou com uma raça superior, de elite. Os nazistas apropriaram-se do termo *Übermensch* de Nietzsche e também introduziram seu próprio termo, *Untermensch* (nunca usado por Nietzsche), para a subclasse que poderia ser devidamente (na opinião deles) escravizada ou destruída.

A PESSOA DE UM PONTO DE VISTA MAIS PESSOAL

Kierkegaard pensou no indivíduo de uma forma muito mais pessoal. Ele rejeitou o dualismo de Descartes, e percebeu que investigar se a melhor forma de dar sentido ao mundo seria pela razão ou pela experiência era perder o foco; tampouco levava em conta a natureza de um ser humano e a sua condição fundamental. Ele criticou Hegel e Goethe, e sentiu que era tarefa da Filosofia tratar como cada pessoa pode viver "como um indivíduo". Ele via a humanidade em cada momento crucial se deparando com escolhas, tendo de tomar decisões, e sem ter como fazer essas escolhas. A citação com a qual iniciamos o livro, para apresentar o objetivo da Filosofia, era para Kierkegaard uma declaração do dilema do ser humano:

"Eu realmente sinto falta de ter claro para mim o que devo fazer, e não o que eu devo saber (...) o que importa é encontrar uma verdade que seja verdadeira para mim, encontrar uma ideia segundo a qual eu possa viver e morrer."

Esse fardo, que surgiu várias vezes como tema nos escritos de Kierkegaard, também foi reconhecido pelos existencialistas. De fato, Kierkegaard, por vezes, tem sido considerado o primeiro existencialista. Certamente, em *O Conceito de Angústia* (1844) ele lidou com a angústia criada pela consciência de que temos liberdade para agir, escolhas a fazer, mas nenhum princípio norteador para nos ajudar nessas escolhas. Ele desenvolveu uma teoria dividida em três estágios ou filosofias de vida concorrentes. A estética preocupa-se com o aqui e agora, com os prazeres e problemas atuais, e se abstém de qualquer compromisso com algo maior. O desespero segue quando a estética descobre o vazio de tal vida. Já a pessoa ética reconhece a importância dos ideais, mas é inevitavelmente consumida pela culpa, quando se percebe incapaz de viver de acordo com seus próprios padrões.

Kierkegaard tinha uma resposta, que seria rejeitada pela maioria dos existencialistas fervorosos: a religião. Seu terceiro estágio, a religião, vê o indivíduo totalmente comprometido com ideais transcendentais. Para ele, a crença religiosa é um ato não de razão, mas de fé. De fato, ele opunha a fé à razão, uma vez que se as verdades religiosas

> *"[Nietzsche] tinha um conhecimento de si mesmo mais profundo do que qualquer outro homem que viveu ou que provavelmente viva".*
>
> Sigmund Freud, fundador da Psicanálise

Søren Kierkegaard cresceu desiludido e convencido de que coisas ruins aconteceriam àqueles que estavam próximos a ele. Sua mãe e cinco de seus seis irmãos morreram durante sua infância.

são passíveis de explicação, não há lugar para a fé. A religião, para ele, era algo intensamente pessoal e Deus vinha para cada indivíduo de uma forma apropriada.

Nietzsche é considerado, com frequência, o maior dos românticos, mas, na passagem do século XIX para o século XX, não foi o otimismo que floresceu como o legado do movimento Romântico. A profunda melancolia de Schopenhauer e a confusão de Kierkegaard procurando um farol em meio a essa angústia prepararam o caminho para o existencialismo – o movimento que se apoiou no conceito da solidão essencial da humanidade e na busca desesperada de sentido.

Rumo ao existencialismo

Enquanto Kierkegaard preparou o terreno para o existencialismo, foi Martin Hei degger (1889-1976) quem plantou a semente. Em muitos sentidos, foi uma continuação do Romantismo, principalmente depois das visões de Freud de como o *self* individual é definido por experiências pessoais, e com a decadência da crença religiosa universal. A insistência de Heidegger de que temos de forjar uma vida enquanto nos deparamos com nossa mortalidade marcou uma virada importante na Filosofia do século XX. Seu *Ser e Tempo*, publicado em 1927, teve um enorme impacto em pensadores posteriores de muitas esferas, influenciando fortemente o desenvolvimento do existencialismo com

> *"Cada período tem sua depravação característica. A nossa, talvez, não seja o prazer nem a indulgência nem a sensualidade, mas um desprezo panteísta dissoluto pelo homem individual."*
>
> Søren Kierkegaard

Jean-Paul Sartre e a crítica desconstrutivista do filósofo franco-argelino Jacques Derrida (1930-2004).

A EXISTÊNCIA ANTES DO EXISTENCIALISMO

As origens do existencialismo residem nas inquisições de Heidegger sobre o *Dasein*, o "ser que nós somos" ou – em tradução literal – "ser-aí".

Heidegger via o *Dasein* como uma entidade autoconsciente, que sabia de sua própria mutabilidade: sabe que é finita, mortal e encontrará seu destino fatal. Essa consciência leva necessariamente à angústia ou ao temor. Mas isto é essencial para a vida ter sentido. Somente quando temos plena ciência de nossas vidas limitadas é que podemos viver com autenticidade e propósito. A autoconsciência nos permite criar uma vida a partir do nada, frente ao temor e à morte, aplicando apenas os propósitos que escolhemos para nós mesmos. (A ênfase de Heidegger sobre a escolha é fundamental.) É uma visão intransigente e assustadora da vida que não dá espaço para que o seu propósito seja determinado por uma divindade. Ao contrário dos filósofos anteriores como santo Agostinho e Kierkegaard, que acreditavam que como indivíduos nós nos "encontramos" através de Deus, Heidegger pensava que Deus era irrelevante em termos filosóficos. É somente o conhecimento inquestionável de que morreremos que dá direção a nossas vidas.

A existência humana é definida pelo tempo, as experiências passadas e as esperanças futuras ditam quem somos e o que fazemos, de uma forma que não afeta os objetos inanimados – o tipo de existência deles é estático.

Heidegger distingue maneiras autênticas e inautênticas de viver. Cabe a nós escolher uma vida autêntica e construí-la. Mas estamos livres para escolher a inautêntica, e Heidegger tenta explicar que esta não é uma escolha menos importante. A autenticidade consiste em agir no mundo, ser parte dele

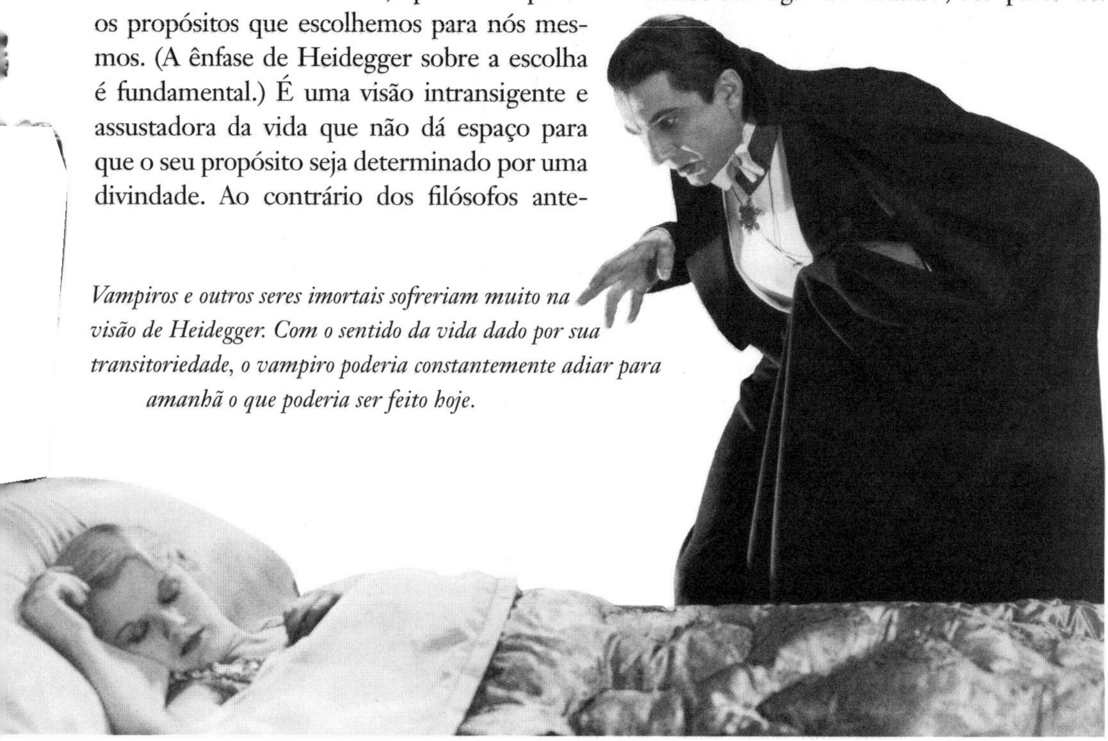

Vampiros e outros seres imortais sofreriam muito na visão de Heidegger. Com o sentido da vida dado por sua transitoriedade, o vampiro poderia constantemente adiar para amanhã o que poderia ser feito hoje.

O FILÓSOFO NAZISTA: MARTIN HEIDEGGER (1889-1976)

Martin Heidegger foi talvez o filósofo mais influente do século XX. Mas também foi – pelo menos por um período – nazista, um fato que complicou a maneira como suas ideias foram recebidas.

Como estudante de Filosofia na Universidade de Marburg, Heidegger foi influenciado pelo filósofo e matemático Edmund Husserl (1859-1938) e mais tarde trabalhou com ele. Ao aposentar-se, Husserl foi sucedido por Heidegger como professor de Filosofia na Universidade de Freiburg, em 1928. Cinco anos depois, Heidegger tornou-se reitor de Freiburg e juntou-se ao Partido dos Trabalhadores Socialistas Alemães, ou Partido Nazi, falando em apoio a Hitler. Heidegger renunciou ao posto no ano seguinte, e sua relação com o nazismo tornou-se mais distante, mas ele continuou como membro do Partido Nazista até este ser dissolvido, em 1945. Foi proibido de lecionar entre 1945 e 1949 e nunca pôde reassumir sua atividade na universidade devido à sua simpatia pelo nazismo. Heidegger não renunciou publicamente, nem pediu desculpas por suas visões nazistas, embora em particular ele se referisse a elas "como a maior estupidez da minha vida". É possível que enquanto permitiu a implementação oficial das reformas nazistas, ele resistisse secretamente a elas, pelo menos em parte – embora não haja evidência clara de nada disso.

com nossos próprios termos, e definir a nós mesmos. Contudo, é difícil atingir isso enquanto o *Dasein* está imerso no mundo. Felizmente, a ansiedade (ou angústia) pode agir como parteira. Quando o *Dasein* é tomado pela angústia existencial, quando o mundo de repente parece desprovido de sentido e encaramos nossa morte inevitável, o mundo retrocede. Então podemos nos livrar (do mundo e dos outros) e nos tornamos nós mesmos.

Pode parecer perverso que a certeza da morte seja o que nos liberta para viver. Mas imagine se você descobrisse um elixir da vida que o tornasse imortal. Todas as suas ambições atuais perdem a urgência. Você pode querer aprender árabe ou tornar-se um político. Há muito tempo para isso. Hoje você pode navegar na web e trabalhar no jardim. Não há limite para os amanhãs em que você pode atingir suas ambições, e não há limite para as ambições que você pode alcançar – nem há pressa em realizá-las. Não há necessidade de escolher ou de saber o que é importante para você. A limitação de tempo é o que dá propósito à vida; a liberdade de escolha nos é imposta pela mortalidade.

Embora Heidegger mais tarde negasse ser existencialista, os temas (*motifs*) principais do existencialismo são introduzidos pela primeira vez em *Ser e tempo*: o "ser-aí" da existência (a importância de se autolocalizar no mundo); a importância do indivíduo, principalmente em relação à "multidão";

uma preocupação com a *angústia* (ansiedade), a morte e o niilismo; a asserção de que a ciência não pode fornecer uma estrutura para entender o que é ser humano; e a identificação da "autenticidade" para a autorrealização na vida, através da escolha. O existencialismo rejeita sistemas prévios para categorizar a existência humana e afirma a primazia do indivíduo para nos definirmos – a existência é mais importante que a essência.

Isto parece mais complexo do que é. Nossas ações individuais definem quem somos; essas ações são escolhidas livremente. Nossa essência, portanto, vem de nossa existência (em ações) em vez de ser predeterminada pelos outros (na forma de rótulos atribuídos pela sociedade) ou pela genética. Praticar atos generosos define alguém como uma pessoa boa. Agir cruelmente define alguém como uma pessoa cruel.

Café e cigarros em Paris

Jean-Paul Sartre, o garoto-propaganda do existencialismo na França do pós-guerra, apoiou-se fortemente em Heidegger e Kierkegaard, mas foi muito além deles. Em *O Ser e o Nada* (1943), ele produziu uma exposição forte e clara que captava o espírito

APOIANDO A CIÊNCIA: SIGMUND FREUD (1856-1939)

Sigmund Freud, de origem austríaca, foi psicólogo e fundador da "psicanálise". Esta baseia-se na crença de que certas experiências na infância são reprimidas pela mente consciente. Em geral, essas experiências estão relacionadas à sexualidade, mas podem ser qualquer tipo de acontecimento que a criança pensa que geraria a crítica de outras pessoas. As memórias reprimidas, mais tarde, causam transtornos psicológicos e doenças mentais. O tratamento envolve fazer o paciente reviver e discutir as memórias. As ideias de Freud tiveram um impacto enorme no pensamento e na Filosofia ocidentais.

Não sendo alguém que perderia a oportunidade de se promover, Freud sugeriu que sua psicologia representava uma nova "revolução copernicana", afirmando ter provado que a mente consciente, ou o *self*, não é "senhora de sua própria casa", como todas as filosofias racionalistas e cartesianas supunham.

A angústia existencial não é apenas uma indulgência da adolescência – segundo Heidegger, é a disposição que nos libera para termos uma vida "autêntica".

de uma época. Sartre queria mostrar que uma pessoa primeiro existe sem objetivo ou definição, então, encontra-se no mundo e, como reação à experiência, define o sentido da vida. Isto é um esforço pessoal – cabe a cada um de nós escolher a vida que sentimos ser a melhor. Este é o oposto da visão de Aristóteles na qual o homem é criado para um propósito e deve lutar para realizá-lo. Para Sartre, uma pessoa é definida por suas ações. Alguém que age como covarde *é* covarde. Mas, não existe natureza inata que force alguém a ser covarde, e ele ou ela pode escolher agir corajosamente em outra ocasião, tornando-se corajoso(a).

Para Sartre, tudo é uma escolha, quer você acredite ou não em Deus (embora ele próprio fosse ateu). Em resposta àqueles, como Blaise Pascal ou santo Agostinho, que afirmavam ter tido uma revelação divina ou visões milagrosas, Sartre disse que cabe ao indivíduo decidir se acredita que elas são revelações de Deus ou meras alucinações. A decisão é tomada pessoalmente, e não pode ser deixada para Deus. Sartre nega a existência da compulsão, deixando o indivíduo responsável por todas as ações. Às vezes uma ação é uma resposta, ou reação, a circunstâncias extremas, mas mesmo uma escolha feita sob coação continua sendo uma escolha e um exercício de poder pessoal. Um homem com uma arma apontada para a cabeça pode escolher entre obedecer a um comando ou levar um tiro. Que uma escolha tenha consequências terríveis, não nega a existência da escolha.

Evidentemente, a contrapartida da liberdade é a responsabilidade. Se tudo é escolhido livremente, assumimos inteira responsabilidade por nossas ações. Não há oportunidade para dar desculpas, culpar os outros ou deslocar tudo para Deus. Fugir da responsabilidade dessa forma é um ato de "má-fé"; é enganar a si mesmo.

Não é fácil ser o indivíduo sartreano. Cada um de nós é sobrecarregado com três fardos: angústia, abandono e desespero. A "angústia" surge da consciência de nossa responsabilidade. Nossas escolhas e ações servem como exemplos para o resto da humanidade: cada escolha emite uma afirmação para o mundo, que é assim que acreditamos que a vida deva ser levada. O "abandono" é consequência do reconhecimento de que Deus não existe e que não temos ajuda nem orientação em questões morais: precisamos formá-las todas à medida que seguimos. O "desespero" é o estado de agir sem esperança. Não podemos con-

Jean-Paul Sartre (no centro) e Simone de Beauvoir faziam parte de um grupo de filósofos, escritores e outros intelectuais que se encontravam e trabalhavam regularmente em cafés em Paris.

fiar que tudo acontecerá da melhor forma, nem depositar nossa fé na providência (que não existe). Em vez disso, só podemos contar com nós mesmos, e devemos articular nossas ações e escolhas a fim de conseguir os resultados que desejamos.

Tudo isso significa que estamos "condenados a ser livres". É um fardo pesado, mas não precisa inevitavelmente causar pessimismo nem desespero. Sartre afirma que o existencialismo envolve um "otimismo austero" em sua mensagem que "o destino do homem é colocado dentro de si mesmo". No "psicologês" moderno, é o "empoderamento".

Existir e o existencialismo na sociedade

Tomando a convicção de Sartre de que, como indivíduos, somos autodeterminados e não podemos jogar a responsabilidade pelo que somos a ninguém ou a nada, a filósofa francesa Simone de Beauvoir (1908-1986) explorou o papel que a sociedade e o contexto devem desempenhar para ajudar a definir a pessoalidade. Em seu livro *O segundo sexo* (1949), Beauvoir aceita que o indivíduo nasce livre, mas ressalta que o gênero inevitavelmente impulsiona as mulheres para determinados moldes que variam entre as sociedades. Cada mulher "torna-se" o que o termo "mulher" significa em seu próprio contexto social, seja a deusa doméstica, a mulher profissional, a tentadora, a supermãe ou qualquer outra coisa. A fêmea torna-se uma mulher aceitando e vivendo o papel que a sociedade define como adequado para ela.

Sartre teria dito que agir de acordo com as expectativas de terceiros e depois culpá-los pelo que nos tornamos é um ato de "má-fé". Mas Simone de Beauvoir insistia que a "má-fé" pressupõe uma consciência

> *"Não se nasce mulher, torna-se uma."*
> Simone de Beauvoir, *O segundo sexo* (1949)

da possibilidade de escolha e do potencial de liberdade. Nem sempre é este o caso. As crianças não podem agir de má-fé porque suas ações são restritas pelos pais ou tutores – elas não têm liberdade para escolher como devem ser. Na adolescência elas alcançam um "despertar", quando tomadas pela angústia existencial. Historicamente, as mulheres têm sofrido restrição semelhante, segundo Beauvoir: circunstâncias socioeconômicas definiram suas existências e elas não têm tido ciência do potencial para liberdade. Consequentemente, não estão agindo de má-fé ao se tornarem as mulheres que a sociedade espera que elas sejam.

Simone de Beauvoir tornou-se um ícone feminista. Muitas das ideias expressadas por ela em *O segundo sexo* e *A ética da ambiguidade* (1947) tornaram-se centrais para o movimento feminista: que as mulheres devem reconhecer suas próprias liberdades, definir seu próprio ser, e libertar-se da "escravidão" de uma sociedade cujas normas e valores são definidos pelos homens.

COMO PODEMOS SUPORTAR ISTO?

Os que aceitam a existência de um deus – quer eles lutem ou não com sua fé – têm pouca razão ou desculpa para a angústia existencial. Ou seu propósito em viver é

"A impossibilidade física da morte na mente de alguém vivo", *de Damien Hirst: Heidegger sustentava que somente a certeza da morte dá sentido à vida – a "possibilidade da impossibilidade".*

Albert Camus não era apenas filósofo, mas também era um bom jogador de futebol. Certa vez ele disse: "Sem dúvida, o que mais sei sobre moralidade e sobre o dever do homem eu devo ao esporte."

> *"Só existe um problema filosófico realmente sério, e este é o suicídio."*
>
> Albert Camus, *O mito de Sísifo* (1942)

claro, ou é um mistério tão grande que eles não podem questionar. Mas, para os que não creem, a pergunta "Por que estou aqui?" pode ser difícil de ser enfrentada. Pelo menos, talvez seja difícil demais aceitar a resposta – "não há motivo". A crise de ser, de saber por que somos, só é realmente possível para aqueles que não acreditam em um deus. A angústia existencial é uma característica do século XX. Mas o existencialismo abrange mais que um adolescente angustiado com a existência.

O escritor e filósofo franco-argelino Albert Camus (1913-1960) foi existencialista e amigo de Jean-Paul Sartre, em Paris, até que romperam relações em 1951 e nunca mais se falaram. O trabalho mais importante do inglês sobre Filosofia existencialista, *O mito de Sísifo* (1942), trata do tema do "absurdo". Camus afirma que a existência humana é absurda ao tentarmos entender um mundo sem sentido. Ele usou o personagem da mitologia grega Sísifo como ilustração da futilidade e desesperança de todo esforço humano. Sísifo é condenado pelos deuses a empurrar uma enorme pedra montanha acima, que rolava para baixo assim que ele chegava ao topo, por toda a eternidade. De modo parecido, todos nós passamos nossas vidas sem alcançar nada.

A consequência inevitável de ponderar sobre o despropósito desolador da existência é perguntar "Por que eu não devo cometer suicídio?" Camus considera que outros escritores e filósofos de inclinação existencialista, inclusive Husserl, Kierkegaard, Sartre e o psiquiatra alemão Karl Jaspers (1883-1968), todos evitaram essa conclusão. Em vez de manter a fé, eles tentaram resolver o conflito entre o ser humano racional e o mundo irracional. Mas esse conflito não pode ser resolvido, e o suicídio é apenas outra tentativa de solução. Somos todos pressionados contra a parede. Se aceitamos a posição do absurdo, temos de aceitar a morte. Se recusamos, vivemos à beira de um precipício, olhando

> *"Todo o trabalho de séculos, toda devoção, toda inspiração, todo o brilho da genialidade humana são destinados à extinção na vasta morte do sistema solar, e todo templo das consquistas do homem deve inevitavelmente ser queimado nos detritos do universo em ruinas."*
>
> Bertrand Russell

para o abismo: existimos tendo pleno conhecimento tanto de nossa mortalidade quanto da futilidade de tudo o que fazemos em nossas vidas. Camus defende a "revolta" – aceitar a consciência da situação sem resignação. O suicídio seria uma derrota, uma negação da condição de nossa existência. Segundo Camus, "A luta em si é suficiente para ocupar o coração de um homem. Deve-se imaginar Sísifo alegre."

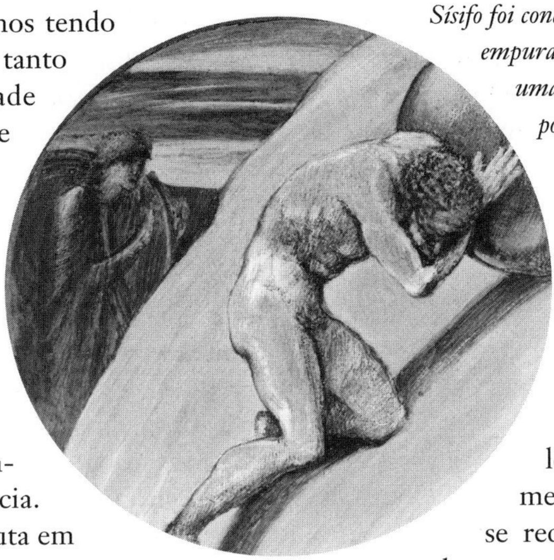

Sísifo foi condenado para sempre a empurrar uma pedra até o alto de uma montanha como punição por sua desonestidade.

De volta à máquina, mas sem fantasma

A remoção de Deus ou de qualquer tipo de espírito etéreo sobrenatural da consideração do humano leva-nos de volta a uma visão fisicalista – temos a máquina do corpo de Descartes, mas sem o fantasma para animá-la. Esta é a posição adotada pelo filósofo americano Daniel Dennett (nascido em 1942). Ele rejeita a ideia de que a mente é uma entidade separada, sem corpo, alegando que todos os aspectos do homem podem ser explicados examinando-se como o cérebro funciona. Personalidade, intelecto, opiniões, pensamentos, sonhos – tudo se reduz à neurologia. Ele descreve o cérebro como uma "máquina semântica", isto é, um mecanismo para extrair sentido a partir do mundo.

Negando que existe qualquer coisa inerentemente especial ou mística na consciência, Dennett sustenta que não há diferença real e quantificável entre algo que *parece* consciente e alguma coisa que *é realmente* consciente – portanto, um computador pode ter consciência. À medida que os computadores tornam-se mais capazes de fazer coisas que costumamos associar apenas à inteligência humana – como contar piadas ou escrever poesia – a distinção entre inteligência real e artificial, entre

"FILOSOFÊS": O ABSURDO

O **absurdismo** sustenta que não há sentido no que acontece no mundo. É o oposto de uma crença no carma (que boas coisas acontecerão às pessoas que agem bem). O absurdista afirma que o mundo é amoral: qualquer coisa pode acontecer a qualquer pessoa, independentemente de sua postura moral ou comportamento. O absurdismo não é realmente compatível com a fé cristã, pois não admite um propósito ou direção invisível.

consciência genuína e consciência imitada, vai se tornar cada vez menos significativa até que precise ser abandonada. De fato, Dennett disse que mesmo os termostatos têm "crenças" sobre o mundo. Um termostato comporta-se com base em suposições sobre o mundo que não podem ser distintas de crenças, no sentido de que elas têm os mesmos efeitos que as crenças. Para Dennett o cérebro nada mais é que um computador muito sofisticado, e a mente é o produto da evolução darwiniana.

A visão de Dennett de que o cérebro é muito semelhante a um computador é refutada por outro filósofo americano, John Searle (nascido em 1932), pioneiro em ciência cognitiva. A visão de que os computadores podem ser conscientes, que Searle denomina "forte IA" (Inteligência Artificial), é questionada por um exercício intelectual que ele chamou de "A Sala Chinesa" (*veja* a página seguinte).

As mentes humanas distinguem-se de computadores, segundo Searle, pela intencionalidade. Os computadores são definidos sintaticamente, em termos de manipulação simbólica formal, e isso, afirma ele, é insuficiente para implicar consciência.

O FLORESCIMENTO DA CONSCIÊNCIA

Logo, se a consciência não é algo que pode ser experimentado por um computador, o que ela é, exatamente, e como surge? Em suas teorias sobre a mente e a consciência, Searle rejeita o dualismo cartesiano – que a mente é algo não físico e separado do corpo. Ele também rejeita o reducionismo de pensadores como Dennett, que acreditam que a consciência pode ser reduzida a uma série de processos físicos no cérebro.

Em vez disso, Searle adota a posição que chama de naturalismo biológico. Ele usa a analogia da água para explicar a ideia. A umidade é uma propriedade emergente da água que é ocasionada pelo comportamento de moléculas de água *em massa*. Nenhuma molécula individual é "úmida"; a umidade é uma característica de todo o sistema de moléculas e a maneira como se comportam quando a água está no estado líquido. Da mesma forma, não se pode apontar para um neurônio e dizer "este é consciente". A consciência surge como resultado de todo o sistema. Eventos no nível micro – talvez no nível de neurônios individuais – causam um fenômeno que no nível macro chamamos de consciência.

Alguns viram o naturalismo biológico como forma de dualismo, uma vez que as propriedades de nível micro podem ser estudadas, objetivamente, por exemplo, por um neurocirurgião, embora este não possa, da mesma forma, acessar as propriedades de nível macro como dor, desejo e alegria. Searle rejeita essa sugestão. Ele enfatiza que a consciência é um tipo de propriedade física; não é algo separado, como uma espécie de suco que é exprimido dos neurônios. É a condição em que se insere o sistema – faz parte desse sistema e é inseparável dele. A maneira como o processo funciona – de que modo o comportamento do nível micro cria consciência no nível macro – é uma questão para os neurocientistas. Já como um problema para a Filosofia, Searle o considera resolvido.

O ARGUMENTO DA SALA CHINESA

Imagine-se em uma sala onde há um enorme manual que lhe permite procurar sentenças e lhe diz como responder a elas em chinês. Através de um buraco na parede, alguém passa um pedaço de papel com uma pergunta escrita em chinês. Usando o manual, você procura a resposta, anota-a em chinês e a passa por outro buraco. Para as pessoas fora da sala você parece entender chinês, enquanto de fato, você não entende a língua.

A Sala Chinesa é uma analogia à inteligência artificial. O manual é o equivalente a um programa de computador, que manipula dados de acordo com um conjunto de regras e produz respostas. Ele pode aparentar ser inteligente, mas não é. Um modelo da mente feito em computador não é realmente consciente, afirma Searle, assim como um modelo do sistema digestivo feito em computador não pode comer pizza de verdade. Um computador que pode ser configurado para se apaixonar ou ler um romance ou ficar bêbado não experimenta realmente essas coisas, mas produz uma simulação dos processos envolvidos.

Se um robô pode desenvolver consciência, isto significa que temos responsabilidades morais para com ele e devemos tratá-lo eticamente? Se um robô pode sentir dor ou tristeza, nós estamos autorizados a tratá-lo como um escravo?

CAPÍTULO 4

O que podemos **CONHECER?**

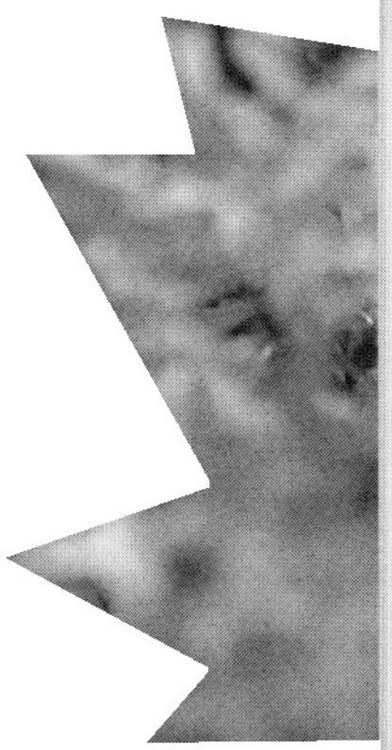

"[A alma é] uma verdadeira prisioneira, fortemente presa ao corpo (...) e que, em vez de investigar a realidade por si e em si mesma, é compelida a espiar pelas grades de sua prisão."

Platão,
Fédon

"Dizer que alguma coisa possui significado é dizer que é deste modo que fazemos com que ela tenha significado; a forma como nós compreendemos esta coisa, e o que você ou eu compreendemos dela, pode não ser o mesmo que, por exemplo, um gato compreende da coisa. Se uma árvore cai em um parque e não há ninguém para comunicar esse fato, então ele é silencioso, invisível e desconhecido. E se nós desaparecêssemos, não haveria absolutamente nenhuma árvore; todo significado desapareceria conosco. Exceto pelo que os gatos, que ainda ficariam, pensam dela, é claro."

William Fossett,
Natural states (1754)

Recebemos informações sobre o mundo através de nossos sentidos. Mas nós podemos confiar neles?

Fora da existência de nossas próprias mentes, do que podemos estar certos? Você vê o azul da mesma maneira que eu? O Sol é de fato quente e redondo? Às vezes, as coisas que parecem óbvias enganam – o Sol e a Lua, por exemplo, parecem ter o mesmo tamanho. Mas os métodos de investigação que vão além do que parece evidente aos nossos sentidos, podem revelar um erro em nossas suposições comuns. O ramo da Filosofia que lida com o conhecimento é chamado de epistemologia.

SABER "QUE" E SABER "COMO"

Os filósofos distinguem diferentes tipos de conhecimento.

O **saber "que"**, ou o **conhecimento proposicional**, é de maior interesse para a epistemologia. Diz respeito – por exemplo – a saber que 10 x 10 = 100, ou a conhecer as leis da Física.

O **saber "como"** diz respeito às habilidades adquiridas – como saber multiplicar números, ou andar de bicicleta.

O **saber "conhecido"** diz respeito a conhecer um lugar ou uma pessoa.

O que o faz pensar que você conhece algo?

Como temos o conhecimento das coisas? A qualidade do conhecimento e os meios como podemos chegar às certezas têm instigado os filósofos há 2.500 anos. Para ser breve, existem três caminhos possíveis de conhecer as coisas:

- A evidência de nossos sentidos – conhecemos algumas coisas pela experiência, pelo processamento das informações recebidas pelos sentidos, como aquilo que vemos e ouvimos. Você pode ter certeza de que sua escrivaninha existe porque consegue vê-la e tocá-la.
- A razão – através do raciocínio ou de uma sequência lógica de pensamentos, você pode ser convencido da verdade de uma proposição tal como: "a área de um quadrado aumenta quatro vezes quando se dobra o comprimento dos lados".
- Uma crença própria – você pode acreditar que possui uma alma ou que Deus existe porque tem uma forte convicção de que este é o caso.

Há muito tempo se debate até que ponto cada um desses métodos pode ser confiável.

Podemos ter certeza?

O filósofo grego Xenófanes foi a primeira pessoa, que se sabe, ter tido cuidado ao fazer alegações sobre a certeza. Antecipando Sócrates, ele disse que mesmo se descobrirmos a verdade, não temos como assegurar que o que descobrimos está realmente correto, ou que as coisas são como pensamos que são. Mas isso não tira a validade da investigação filosófica. Ela nos pode revelar erros e dizer o que não é o caso, mesmo que não possamos ter certeza sobre qual é o caso.

Sócrates nasceu em Atenas em 470 a.C., próximo à data da morte de Xenófanes. Ele costumava alegar que a única coisa que podia ter certeza era de sua própria ignorância. Muitos de seus ensinamentos consistiam em pedir ao seu público para dar definições de conceitos comuns como "beleza" ou "piedade" e, então, mostrar por meio de uma argumentação bem fundamentada que a resposta dada não se sustentava quando submetida a escrutínio, revelando-se absurda ou paradoxal. Assim, ele pretendia mostrar como é perigoso aceitar ideias estabelecidas sem crítica. Frequentemente, Sócrates destruía

SÓCRATES (470–399 a.C.)

Sócrates foi um filósofo que caminhava por Atenas, sua cidade natal, ensinando Filosofia por meio do diálogo e da oratória. Ele serviu como soldado na Guerra do Peloponeso (431-404 a.C.), depois se envolveu no tumulto político que seguiu a guerra, tendo antes constituído família. De seu pai, um escultor, Sócrates herdou recursos suficientes para ter a independência que o permitiu aprofundar seu interesse pela Filosofia. Mais tarde, ele passou a investigar o desenvolvimento do caráter moral. Nos últimos anos de sua vida, Sócrates debatia com os jovens aristocratas de Atenas, o que, com frequência, deixava os pais desses jovens contrariados. Ele recusava qualquer pagamento por seu ensinamento, e seus seguidores eram, muitas vezes, extremamente fiéis a ele.

Rebelde, logo se antagonizou com grande parte dos cidadãos de Atenas. Ele os questionava por acreditarem automaticamente em ideias recebidas e tidas como corretas, encorajando-os a pensar criticamente. Os cidadãos atenienses o acusaram de corromper as mentes dos jovens e de não acreditar nos deuses, e Sócrates foi julgado no tribunal. A eloquente resposta dele às acusações que recebeu não o ajudou em sua defesa e, quando lhe pediram para sugerir uma punição adequada para si mesmo, recomendou que lhe permitissem fazer refeições gratuitas no refeitório público. Isto deixou o judiciário ainda mais irritado. Ofereceram-lhe um indulto, se ele concordasse em desistir de ensinar Filosofia, mas ele recusou e foi sentenciado à morte. Morreu em 399 a.C., tomando cicuta, cercado de amigos e seguidores.

Sócrates ensinava através do debate, e não deixou nada escrito. O que sabemos de seus métodos e ideias vem dos escritos de seus contemporâneos e, principalmente, de seu discípulo Platão. Sócrates é considerado o fundador do que viria se tornar a Filosofia ocidental, tanto que os filósofos anteriores a ele ficaram conhecidos como pré-socráticos.

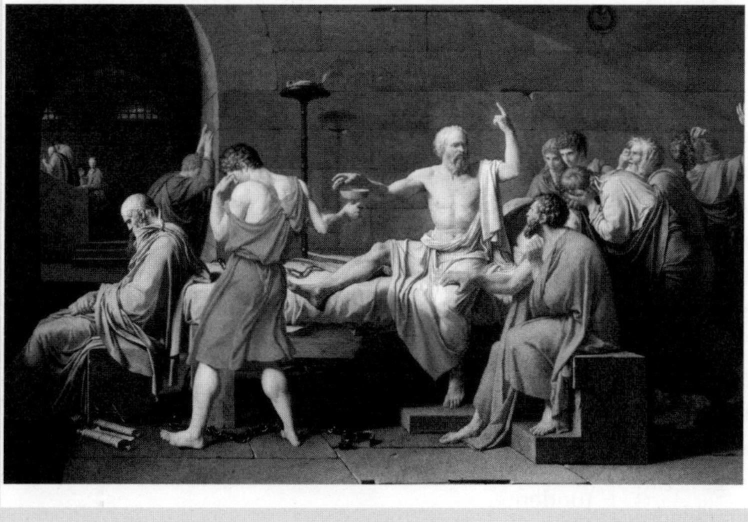

Sócrates recusou o exílio e tomou a cicuta que lhe deram para sua execução. Platão relata no diálogo Críton *que uma injustiça (a execução, no caso de Sócrates) não desculpa outra injustiça (a fuga) – mesmo quando Críton diz a Sócrates que ele tem o dever moral de evitar que seus filhos fiquem órfãos.*

com seus argumentos qualquer um que alegasse ter certo conhecimento de alguma coisa. Seu método, conhecido como "dialética", está por trás da prática usual da Filosofia e de outras disciplinas que exercem uma contínua reflexão crítica.

Duas abordagens sobre conhecimento

Assim como Sócrates foi mentor de Platão, Platão foi mentor de Aristóteles, colocando três dos maiores pensadores em linha direta de sucessão intelectual. Esse acaso maravilhoso da história determinou a direção tomada pelo pensamento ocidental durante dois milênios.

Confiando na razão

Platão dedicou-se à questão do que podemos conhecer e como descobrimos isso, e buscou esclarecê-la pelas linhas racionais e argumentativas estabelecidas por Sócrates. Da Teoria das Formas (ou Teoria das Ideias) de Platão decorre que se o que percebemos como mundo real não é senão uma sombra da perfeição que ele imita, não podemos obter conhecimento verdadeiro através de nossos sentidos. Se não podemos confiar em nossos sentidos para revelar a verdade, em que podemos confiar? A resposta dada por Platão é, em uma palavra, na "razão".

No diálogo *Mênon*, Platão apresenta um debate entre Sócrates e Mênon, um jovem e rico general que acabou de chegar na cidade

COMO FAZEMOS PARA APRENDER FILOSOFIA?

Existem diferentes maneiras de apresentar ideias filosóficas (ou qualquer ideia). Algumas delas são:

Debate socrático ou **diálogo platônico**: apresentar dois pontos de vista diferentes e explorá-los através de um diálogo dramatizado ou dialético. O ponto de vista preferido pode receber os argumentos mais convincentes e derrotar a visão oposta ou ambos podem ser apresentados com igual convicção, levando o ouvinte a considerar e decidir os méritos do caso. Como método de ensino, o objetivo é desenvolver a habilidade do estudante em vez de convencê-lo sobre um determinado ponto de vista.

Silogismos lógicos, usados por Aristóteles: partindo de duas proposições (afirmativas ou negativas), usa-se a lógica para demonstrar que outra proposição segue necessariamente delas.

Aforismos, como os apresentados por Marco Aurélio em suas *Meditações* (170-180 d.C.): expressões de pensamento concisas, memoráveis. Podendo prescindir de argumentos lógicos, o aforismo se sustenta, ou não, pelos próprios méritos nele contidos.

Tese/antítese, como as apresentadas por Tomás de Aquino: ele expõe seus argumentos na *Suma teológica* primeiro formulando a questão, depois apresentando a antítese com seus argumentos de sustentação, seguindo com a tese (resposta preferida) e com os argumentos que a sustentam e, finalmente, refutando os argumentos a favor da antítese com contra-argumentos fortes. Hegel acrescentou a "síntese" como a nova oposição que surge da comparação de tese e antítese, seguindo depois disso para conhecimentos novos.

Proposições, como as apresentadas por Ludwig Wittgenstein (1889-1951): uma série de afirmações apresentadas de modo que a progressão lógica da primeira para as últimas forme um argumento contundente.

Aspásia, aristocrata ateniense e consorte de Péricles, era conhecida por ser uma mulher falante; filósofos, inclusive Sócrates, frequentavam o que agora são chamados de "salões" da casa dela.

com um grande séquito de escravos. Sócrates e Mênon dialogam sobre o que é a virtude e se ela pode ser ensinada. O diálogo contém o famoso paradoxo de Mênon. Confuso com o que Sócrates está dizendo, Mênon pergunta: "Como você pode procurar alguma coisa quando não sabe o que ela é? Mesmo que você a encontre, como saberá que o que você encontrou é aquilo que não conhecia?"

Sócrates reafirma isto como: "Um homem não pode buscar o que ele conhece, nem o que ele não conhece. Ele não pode buscar o que conhece: uma vez que, se ele conhece, não há necessidade de buscar; nem o que ele não conhece, pois ele não sabe o que procura."

Sócrates segue, tentando demonstrar a Mênon que o conhecimento existe *a priori* – ou seja, é preexistente. Nesta teoria, a alma é imortal e foi exposta ao conhecimento antes de habitar o corpo; através da incitação, a alma se lembra do conhecimento durante a vida. Sócrates tenta demonstrar isto usando um dos escravos de Mênon. O escravo não conhece uma fórmula geométrica de início, mas, através de questionamento, Sócrates acaba conseguindo que o menino enuncie a fórmula. Ele alega que, como não ensinou nada ao menino, isto é a prova de que o garoto está se lembrando do conhecimento *a priori*. (Posteriormente, argumentou-se que não era necessariamente assim – o menino aplica seu raciocínio para resolver o problema e o resolve. Ele consegue fazer isso quando Sócrates o incita na direção certa, com suas perguntas.) O resultado final do diálogo foi que conhecimento é a "crença verdadeira justificada". Esta definição foi amplamente aceita até 1963, quando o americano Edmund Gettier (nascido em 1927), professor de Filosofia, ressaltou que, às vezes, uma crença verdadeira não é tida como conhecimento. Isto pode acontecer quando uma pessoa tem uma crença justificada que se revela verdadeira por acaso. Por exemplo, uma mulher apaixonada por um homem com cabelo ruivo supõe que se casará

"FILOSOFÊS": RACIONALISMO

Os **racionalistas** acreditam que o conhecimento pode ser descoberto pelo emprego puro da razão. O conhecimento não precisa ser – e não pode ser confiavelmente – fundado na experiência sensível que temos do mundo à nossa volta.

> **"FILOSOFÊS":**
>
> *A priori* e *a posteriori*
>
> Um conhecimento **a priori** é aquilo que é "conhecido previamente" em relação à experiência, ou, em outras palavras, aquilo que é conhecido independentemente de qualquer experiência anterior; pode-se ter chegado a ele por raciocínio ou ele pode ser inato (não empírico).
>
> Um conhecimento **a posteriori** é o resultado de experiência (e, como tal, é empírico).

com ele e, portanto, acredita que seu futuro marido terá cabelo ruivo. Ela rompe com esse homem e se casa com outro que, por acaso, tem cabelo ruivo. A crença dela foi justificada e revelou-se verdadeira, mas não era conhecimento.

Platão apresentou suas ideias filosóficas através de uma série de diálogos em que Sócrates debate com outros, passando por diversos argumentos e refutações antes de atingir suas conclusões.

PROPOSIÇÕES

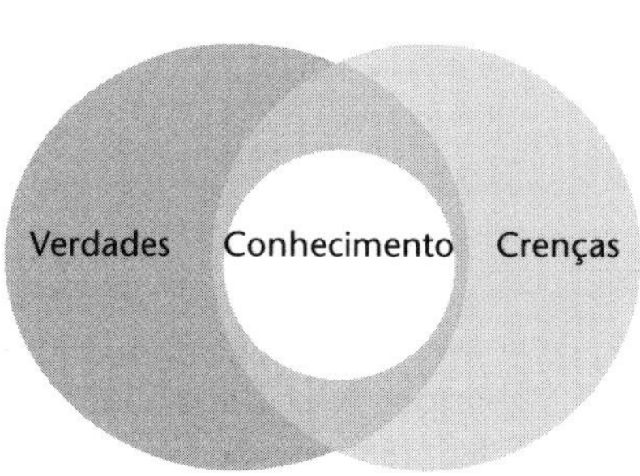

A área de sobreposição entre o conjunto de coisas verdadeiras e o conjunto de crenças inclui o conhecimento, mas não se limita a ele.

DEFENSOR DOS SENTIDOS

O mais importante discípulo da Academia de Platão foi Aristóteles. Ele questionou a Teoria das Formas e buscou evidências para o conhecimento do mundo físico, dando preferência àquilo que podemos aprender por meio de nossos sentidos. A base do método científico está neste *empirismo* aristotélico: Aristóteles ensinava que uma investigação completa e metódica do mundo, que inclua comparações e avaliações qualitativas, pode levar ao conhecimento dos fenômenos. Estes, de acordo com Aristóteles, representam a verdadeira realidade, e não uma versão sombria e barata de uma realidade da qual nunca poderemos ter certeza.

ACRESCENTANDO UMA PITADA DE SAL

O filósofo grego Sexto Empírico (c. 160-210 d.C.) deixou 11 livros de Filosofia, nos quais estabeleceu a doutrina do ceticismo pirrônico. Tais livros são a única fonte sobre o ceticismo antigo, e pouco sabemos do próprio Sexto Empírico. O ceticismo pirrônico surgiu por volta do século III a.C. com Pirro (360-279 a.C.), um filósofo que, como Sócrates, não deixou nada escrito. A alegação fundamental dos céticos é que não podemos fazer qualquer proposição com mais certeza ou justificativa do que podemos afirmar seu oposto. A Filosofia de Pirro pode ser expressa pelo ditado "nada mais que isto". Logo, não podemos ter mais certeza, digamos, de que o tempo passa, do que de que ele não passa.

PLATÃO (c. 427–347 a.C.)

Platão provavelmente nasceu em Atenas, de família nobre. Tinha dois irmãos e uma irmã, mas sabemos pouco sobre seus primeiros anos de vida. Foi discípulo de Sócrates e em seus escritos ele apresentou suas ideias filosóficas na forma de diálogos que tinham Sócrates como protagonista, além de outros personagens. Após a morte de seu mestre, Platão teria viajado para a Itália, Sicília, Egito e Cirene (Líbia) e voltado a Atenas aos 40 anos. Lá, ele estabeleceu a primeira escola ou "faculdade" conhecida no mundo ocidental, chamada de Academia. Esta continuou a funcionar como uma instituição de ensino até ser destruída em 84 a.C. O principal discípulo de Platão na Academia foi Aristóteles.

Platão dizia, com frequência, que sua filosofia mais pura nunca foi escrita e ele a compartilhava oralmente com amigos e colegas próximos e de confiança. Ele defendia que a palavra escrita não era um meio adequado para registrar assuntos importantes e difíceis, pois não poderia ser explicado nem defendido na ausência do autor. Platão deixou escritos importan tes e influentes sobre metafísica, epistemologia, política e ética.

Platão (c. 427-347 a.C.), discípulo de Sócrates e professor de Aristóteles, foi um dos maiores filósofos da história.

Como isto funciona? O mesmo objeto pode parecer muito diferente quando visto à distância e quando visto de perto, mas não existe uma boa razão para supor que a visão mais próxima seja mais verdadeira que à distante. Uma floresta, por exemplo, só pode ser vista de certa distância, enquanto que de perto não podemos dizer se o que vemos é apenas um conjunto de árvores ou uma floresta. A defasagem entre realidade e aparência é insuplantável, porque o que "sabemos" da realidade é aprendido através de nossos sentidos corporais, que são falhos. Não é possível afirmar, com certeza, que uma determinada coisa seja verdadeira e outra não.

O ceticismo pretende gerar um descomprometimento confortável e tranquilizador em relação ao questionamento frenético. Mas isso pode, com a mesma rapidez, causar uma ansiedade ou apatia do tipo que, "Se não há certeza do conhecimento, por que persegui-lo?" Sexto Empírico, no entanto, diz que

> *"A caracterização geral mais certeira da tradição filosófica europeia é que ela consiste em uma série de notas de rodapé de Platão."*
>
> Alfred North Whitehead,
> *Processo e realidade* (1929)

Deste ponto de vista, não é possível dizer se você está olhando para poucas árvores ou para uma floresta que se estende por vários quilômetros.

o ceticismo deve gerar tranquilidade e paz de espírito, e estas são duas das metas da Filosofia cética.

Suponha que decidamos que algumas coisas são inquestionavelmente boas (digamos: saúde e uma família unida) e outras são ruins (digamos, pobreza).

- Ficaremos ressentidos se coisas ruins acontecerem conosco e coisas boas, não. Mas, se nos beneficiamos das coisas boas, ficaremos ansiosos pois não queremos perdê-las.
- O cético, por outro lado, não faz julgamento sobre o que é bom ou ruim, certo ou errado, e assim por diante. Em vez disso, ele não ambiciona nem evita nada com grande paixão, mas permanece indiferente se a sorte muda, e com isso pode levar uma vida tranquila.

É claro que é difícil viver assim. Alguns críticos apontam que a suspensão do juízo que caracteriza o ceticismo é autodestrutiva. Se realmente não podemos afirmar uma proposição invalidando o oposto dela, o mesmo ocorre com a afirmação cética em si – não podemos dizer que devemos viver assim com mais certeza do que podemos dizer que não devemos viver assim.

CONHECIMENTO POR MEIO DA FÉ

Com o advento do cristianismo, um novo canal para o conhecimento apareceu na forma de um Deus onisciente. Santo Agostinho viu tanto a Filosofia quanto a religião como buscas pela verdade, embora a religião procurasse uma

> **"FILOSOFÊS": EMPIRISMO**
>
> O **empirismo** é a teoria de que a realidade é acessível por meio da experiência coletada pelos sentidos e pode ser mensurada, observada e conhecida através da interação direta com o mundo.

verdade de ordem superior. No cerne de sua filosofia estava a crença de que a sabedoria pode ser atingida somente através da fé. Embora algumas verdades possam ser alcançadas apenas pela razão, ele achava que a fé é necessária para o verdadeiro entendimento, e remetia repetidamente a um texto da Bíblia: "se não creres, não entenderás" (Isaías, 26:3). Agostinho não chegou a essa conclusão tranquilamente. Quando jovem, ele renunciou à religião mas, depois de se converter aos 30 e poucos anos, ele se dispôs a mostrar que a razão podia provar os princípios da fé.

A revolução científica

Até o século XVI, o mundo ocidental viveu à sombra do Período Clássico. Então, por volta de 1550, durante o Renascimento na arte e nas humanidades, os avanços científicos provocaram uma reavaliação do lugar ocupado pela raça humana no universo. Nenhum comentário exorbitante seria exagerado demais para descrever o impacto dessa mudança. No lugar de superstição, da reverência à autoridade dos antigos e da fé cega, um espírito de questionamento, investigação e desafio levou as pessoas a perseguirem a verdade através de meios científicos. Os escritos científicos de Aristóteles, bem como do astrônomo greco-romano Ptolomeu (90-168 d.C.) e de estudiosos medievais que se basearam em trabalhos clássicos, finalmente foram questionados. O conceito aristotélico dos quatro elementos (terra, fogo, ar e água) que compunham toda a matéria e o modelo do universo concebido por Ptolomeu, que colocava a Terra no centro do cosmo, são apenas duas das convicções tradicionais que finalmente passaram a ser questionadas. Sem dúvida, Aristóteles teria se divertido se soubesse que seu método preferido de investigação empírica derrubou seus próprios relatos sobre o mundo físico.

"Como a Terra podia ficar suspensa no ar se não fosse amparada pela mão de Deus? Por que meios ela poderia se manter imóvel, enquanto os céus acima estão em movimento constante e rápido, se o seu Criador Divino não tivesse assim arranjado e determinado?"

João Calvino,
Comentários sobre o livro dos Salmos (1557)

O progresso não foi tranquilo nem fácil. A Igreja tinha, entre seus fundamentos, a crença de que o mundo é imutável e eterno, de que o homem está no centro do universo e de que os caminhos de Deus são um

Santo Agostinho nasceu em Hipona (atual Argélia). Teve uma vida desregrada antes de se converter, em 389 d.C.

mistério que não deve ser investigado. A sugestão de que a Terra não era o centro do universo, onde Ptolomeu a havia colocado, foi considerada heresia por autoridades religiosas. Ainda que em 1616 a Inquisição tenha forçado o astrônomo italiano Galileu Galilei (1564-1642) a negar sua crença na teoria copernicana de que a Terra girava em torno do Sol, os inquisidores não puderam segurar essa onda para sempre. Com o peso das evidências científicas se acumulando continuamente, a força opressiva dos preceitos religiosos se abrandou. De fato, pela primeira vez, alguns cientistas foram mais longe, a ponto de duvidar da existência de Deus e colocar a razão acima da fé na hierarquia dos recursos empregados para se fazer descobertas sobre o mundo.

O impacto na Filosofia foi profundo. A revolução científica tornou instável o antes sólido terreno da irrefutabilidade e questionou a própria natureza do conhecimento e da certeza. Crenças que foram mantidas por quase dois mil anos lentamente passaram a ser insustentáveis. Qual a garantia de que aquelas que as substituíram eram mais seguras?

"O que eu sei?"

O escritor renascentista francês Michel de Montaigne foi um dos que perceberam que a revolução científica não deixava lugar para

O Vaticano pôs Galileu em prisão domiciliar permanente em 1633 e o proibiu de ensinar que a Terra movia-se em torno do Sol. Seu livro Diálogos sobre os dois principais sistemas do mundo *só foi removido da lista de livros proibidos em 1824, e o Vaticano só se desculpou pelo tratamento dado a Galileu em 2000.*

O modelo do Sistema Solar de Ptolomeu, proposto em seu Almagesto *(c. 150 d.C.), coloca a Terra no centro de um conjunto de esferas concêntricas, com os outros corpos celestiais movendo-se em torno dela. Como as observações astronômicas minavam o modelo, ele foi submetido a acertos para manter uma conformidade mínima com a realidade observada.*

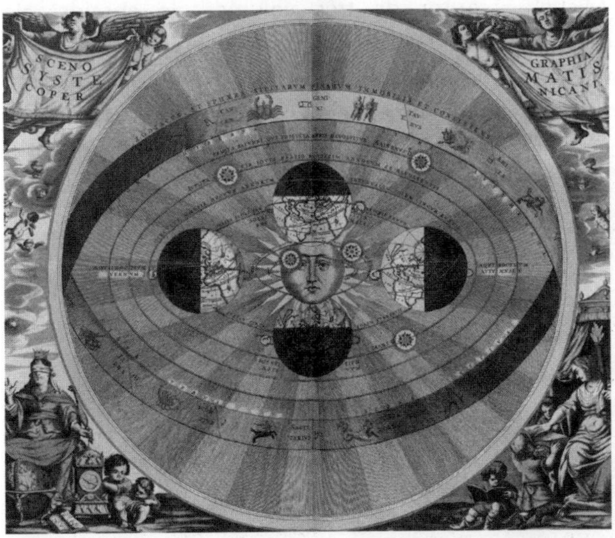

O astrônomo polonês Nicolau Copérnico propôs que o Sol está no centro do sistema solar e a Terra, juntamente com os outros planetas, move-se em volta dele.

A TERRA SE MOVEU PARA COPÉRNICO

O matemático e astrônomo polonês Nikolaj Kopernik, mais conhecido como Nicolau Copérnico (1473-1543), desenvolveu o modelo heliocêntrico do sistema solar, que coloca o Sol no centro e os planetas girando a seu redor. Preocupado com a recepção de seu modelo, ele só liberou seu tratado, *Das revoluções das esferas celestes*, para publicação pouco antes de sua morte, em 1543. O modelo não teve um grande impacto imediato; isto só viria a acontecer posteriormente. O Vaticano adicionou-o à lista dos livros proibidos em 1616, 73 anos depois da morte de Copérnico, embora a lista tivesse sido iniciada em 1559. Mesmo assim, suas ideias foram conhecidas e criticadas durante sua vida. O reformista religioso alemão Philip Melanchthon (1497-1560) disse que o modelo deveria ser reprimido por lei, uma vez que "as evidências dos sentidos, o consenso dos homens que estudavam a ciência durante mil anos e a Bíblia" contradiziam Copérnico.

certezas. A razão não é um padrão universal, nem os nossos sentidos são testemunhas confiáveis, logo, um grau de ceticismo geral parece ser a abordagem mais adequada. Às vezes seu ceticismo parece tê-lo deixado à deriva, negando toda esperança de certeza ou direção. Sua pergunta: "O que sei eu?" feita no ensaio *Apologia de Raymond Sebond* – tornou-se um refrão em toda a sua obra. Ele usou o caso de Martin Guerre como exemplo. Martin Guerre saiu para a guerra, e dois anos depois voltou um impostor, alegando ser ele. O homem sabia coisas que só o verdadeiro Guerre poderia saber e enganou até a esposa de Guerre. Montaigne argumentou que se uma mulher não pode ter certeza de quem é seu esposo, do que poderá ter certeza?

Por outro lado, o ceticismo de Montaigne foi libertador, exatamente como Sexto Empírico disse que tinha de ser. Livrar-se de falsas certezas dá mais autonomia ao indivíduo. Montaigne achava que novas descobertas e teorias científicas contribuíam para um processo infindável de descoberta – não como algo que deveria ser aceito imediatamente como verdade imutável, mas como etapas para o que poderia, ou não, ser exato. Ele acreditava que se o conhecimento fosse aceito sem crítica isso poderia bloquear as investigações com a mesma facilidade que as promoveria. Para ele, era mais impor-

MICHEL DE MONTAIGNE (1533–1592)

Oriundo de uma rica família francesa, Michel de Montaigne teve uma infância incomum, sob a supervisão de seu pai, um humanista. Sua educação incluiu não só falar Latim em casa, mas ficar três anos aos cuidados de uma família de camponeses e ter uma intensa exposição à música. Depois de estudar Direito, ele trabalhou durante 11 anos em tribunais regionais e nacionais. Com a morte de seu pai, em 1568, Montaigne voltou para o *chateau* da família e dedicou o resto de sua vida a pensar e escrever.

Autor de três volumes de ensaios, ele refletiu sobre como os seres humanos se relacionam entre si e com o mundo. Humanista excepcionalmente eloquente, Montaigne aplicou sua respeitável erudição a diversos assuntos. Sua personalidade brilha em seus escritos.

As obras de Montaigne nem sempre são consistentes, mas, provavelmente, até isso ele teria considerado uma virtude. Ele se engajou em um tipo de diálogo consigo mesmo, que continuou ao longo da vida.

> *"O que este homem escreveu aumentou verdadeiramente a alegria de viver na terra."*
>
> Friedrich Nietzsche, comentando sobre Montaigne

tante questionar e rever opiniões, continuar sempre o questionamento crítico e conduzir permanentemente novas avaliações sobre o modo como vivemos.

Apesar de seu ceticismo, Montaigne foi católico praticante. Ele não via contradição nisso. Ao contrário, ele afirmava que o seu ceticismo em questões não religiosas facilitava sua aceitação de verdades religiosas, que só podem ser justificadas através da fé.

Rumo à ciência

Enquanto Montaigne foi acima de tudo um pensador, o filósofo inglês Francis Bacon (1561-1626) foi uma das peças mais importantes para o surgimento da revolução científica. Seu trabalho mais notável foi sobre o desenvolvimento do método científico.

Bacon discordou tanto da abordagem platônica quanto aristotélica ao conhecimento. Para ele o racionalismo, que abordava o conhecimento através da razão e da análise do sentido das palavras, era um processo complicado e confuso. Nem o empirismo aristotélico, para ele, era válido; a abordagem empírica envolvia acumular dados, mas isso, por si, não produzia ideias válidas. Para Bacon, formas melhores de comparar e organizar dados ajudavam a gerar hipóteses indutivas que, então, podiam ser testadas por meios científicos.

Francis Bacon iniciou o método científico, exigindo uma investigação adequada de qualquer hipótese.

Bacon percebeu que em vez de tentar mostrar que algo sempre acontecerá, é mais compensador desconfirmar hipóteses. Isto parece ser contraintuitivo, pois sugere que a ciência pode progredir mais rapidamente por estar errada. Mas faz sentido. Se jogássemos uma moeda um milhão de vezes e toda vez caísse cara, mesmo assim não poderíamos dizer que sempre teríamos cara. Mas, se uma única vez cair coroa, podemos descartar a hipótese de que sempre teremos cara. Esse raciocínio tem uma semelhança notável com a metodologia científica do "falseacionismo" desenvolvida pelo filósofo Karl Popper no século XX. Ao afirmar ter resolvido o problema da indução, Popper reconheceu abertamente sua dívida com Bacon.

O PROBLEMA DA INDUÇÃO

O chamado problema da indução afetou muitos pensadores da revolução científica. Em essência, é o problema de tirar conclusões gerais a partir de dados extraídos de constatações particulares. Se você joga uma moeda vinte vezes e toda vez ela dá coroa, é tentador supor que da próxima vez dê cara, mas isto não é verdade. A chance de dar cara ou coroa continua sendo a mesma para a primeira jogada, para a 21ª vez e para a 1.001ª vez. Os eventos precedentes não têm impacto no evento futuro, e não podemos induzir qualquer coisa das jogadas anteriores. A simples repetição não garante nada, embora possa nos levar a fazer uma hipótese. Logo, ao vermos que o Sol nasce a leste todos os dias, ao longo dos registros históricos, podemos supor que ele sempre nascerá a leste. Mas, precisamos de algo além das observações anteriores para convencer-nos de que este será o caso.

Contudo, o principal interesse de Francis Bacon não era no problema da indução. Ele estava mais preocupado com o método, mais especificamente, em encontrar um método para gerar boas hipóteses indutivas de dados reunidos por cientistas.

Bacon concebeu um método novo, que exemplificou com a sugestão de uma investigação sobre a natureza do calor. Ele disse que deveríamos primeiro listar todas as coisas nas quais o calor está presente, depois todas as coisas em que ele está ausente, e finalmente todas aquelas que podem apresentar temperatura variável. Bacon acreditava que uma hipótese natural surgiria a partir dessa lista. A relação de coisas quentes feita por ele começa assim:

1. Os raios do Sol, particularmente no verão, e ao meio-dia.
2. Os mesmos raios refletidos e condensados, como entre montanhas ou ao longo de paredes, e particularmente em espelhos.
3. Meteoros incandescentes.
4. Raios.
5. Erupções de chamas das cavidades de montanhas etc.
6. Chamas de todo tipo.
7. Sólidos incandescentes.
8. Águas térmicas naturais.

Bacon concluiu que o movimento é a fonte de calor, e que coisas quentes são caracterizadas por movimento para fora e para cima. Com frequência, não é o corpo todo que se move, mas as partículas que o compõem –

Bacon incluiu a lava das erupções vulcânicas em sua lista de coisas que emanam calor.

por exemplo, a água fervente está em ebulição na caneca com as chamas em volta.

Infelizmente as investigações de Bacon acabariam sendo sua ruína – ele morreu de pneumonia enquanto testava um método para congelar galinhas. Mas, parece improvável que o método de Bacon geraria hipóteses válidas, ou que poderia haver uma única maneira de organizar dados que tornasse as hipóteses imediatamente evidentes. A criatividade e a imaginação geralmente são primordiais para se detectar padrões e potencial em um corpo de dados, como também para se construir teorias com base neles. Mesmo assim, cabe a Bacon o crédito de ter inventado o Método Científico, o que foi fundamental para tornar a ciência um bem para a humanidade, usando-a para chegar a "invenções que irão superar, em alguma medida, e controlar nossas necessidades e sofrimentos". Por vezes considerado a inspiração filosófica da Revolução Industrial, a ele é atribuída a autoria da máxima "conhecimento é poder" (embora a frase não apareça em seus escritos).

CONHECIMENTO É PODER – NAS MÃOS ERRADAS

O francês Michel Foucault (1926-1984), teórico social, foi o primeiro filósofo pós-modernista. A relação entre poder e conhecimento, e como o poder é usado para controlar e definir o conhecimento, passa por todo o trabalho de Foucault. Ele via o conhecimento científico não como uma forma de libertar pessoas comuns, mas como um meio de controle social. Durante o século XVIII, por exemplo, o rótulo de "loucura" – o oposto de "razão" – foi usado para estigmatizar todos os tipos de pessoas socialmente indesejáveis. Estes incluíam os pobres, os sem-teto e qualquer pessoa considerada um incômodo social, não apenas aquelas com doença mental. Para Foucault, o surgimento de sentenças prisionais para substituir as execuções públicas era outra demonstração de poder, sendo a punição prolongada e desumana mais um cerceamento e uma demonstração mais efetiva de poder do que uma execução rápida.

Com a psicanálise de Freud, a psicologia passou a se concentrar na sexualidade como outra forma de controlar as pessoas. Se as intenções e preferências sexuais são levadas em conta para elucidar a personalidade, as pessoas têm cautela para não revelar demais sobre si mesmas, ao mesmo tempo são estimuladas a ser mais abertas sobre sua sexualidade. Todos esses aspectos do conhecimento e da identidade mudam com o tempo, mas não variam de forma linear. Em vez disso, mudam à medida que aqueles que estão no poder os usam para seus próprios fins, para controlar o comportamento dos outros. Foucault afirmava que esta situação desalentadora podia ser combatida usando-se a Filosofia para se chegar a um equilíbrio de poder. Uma vez que identificamos de quais modos aqueles no poder tentam nos controlar, podemos evitar esse controle e reexaminar o que sabemos à luz da afirmação de Foucault de que o conhecimento é construído socialmente como ferramenta de controle e manipulação.

Pensar e existir

A obra filosófica mais famosa de René Descartes são as *Meditações sobre Filosofia Primeira* (1641), conhecida simplesmente como *Meditações*. Nela, o filósofo francês estabelece as bases do que seria um conhecimento seguro e inequívoco. Sua obra foi muito além da Filosofia, abrange vários aspectos da Física, inclusive ótica, e da Matemática; ele desenvolveu o sistema de coordenadas cartesianas usado para traçar gráficos a partir do mapeamento de pontos sobre os eixos x, y e z.

Em *Meditações*, Descartes começa examinando as próprias crenças para identifi-

> *"Se por acaso eu olhar pela janela para os homens que passam na rua, não vou errar se disser que vejo homens (...) e, no entanto, o que eu vejo desta janela, além de chapéus e casacos, que escondem fantasmas ou bonecos que se movem apenas por meio de molas? Mas julgo que são homens verdadeiros e assim compreendo, pelo puro poder de julgar que reside em minha mente, o que eu acreditei ter visto com meus olhos."*
>
> René Descartes,
> *Meditações* (1641)

car quais delas poderia considerar seguras. Assim, ele constatou que algumas eram mais fáceis de justificar que outras, e algumas pareciam estar certas – como as "verdades" matemáticas – enquanto outras tinham bases mais instáveis ou até se revelavam falsas quando examinadas com maior detalhe. Ele decidiu que precisaria justificar cada proposição fundamentando-a em uma crença segura, mas essa decisão o levou a indagar por onde ele deveria começar – "Qual é a primeira proposição infalível?" Em vez de tentar colocar todas as suas crenças em ordem sequencial, ele testou cada uma perguntando "Qual era a sua origem?" Se a origem fosse infalível, ele poderia considerar a crença segura. Se a origem não fosse infalível, nenhum conhecimento baseado naquela fonte poderia ser considerado confiável.

Descartes reconheceu que muitas de suas crenças se baseavam em evidências percebidas pelos sentidos: o que ele podia ver, ouvir ou sentir. Mas nossos sentidos não são totalmente confiáveis: uma vareta parece dobrar-se ao ser colocada em um copo d'água, por exemplo. Descartes então propôs que poderia ter certeza pelo menos de ser francês, interessado em Filosofia, de estar sentado em seu escritório, e assim por diante. Mas então, questionou de que maneira poderia distinguir com clareza realidade e sonho. Como saber que a vida que ele acha que está levando simplesmente não faz parte de um sonho? As alucinações podem até nos fazer acreditar em alguma coisa que não está lá, e nossos sentidos nos enganam totalmente. Todo o conhecimento enraizado na percepção sensorial é, portanto, suspeito.

Voltando à sua própria razão, Descartes testa seu conhecimento de que 2 + 3 = 5, de que uma mãe é mais velha que sua filha e que um triângulo tem três lados. Essas crenças parecem seguras, mas poderiam ser o resultado de um engano enorme. Ele imagina a possibilidade de uma espécie de demônio, um gênio extremamente poderoso e maligno, capaz de adivinhar seus pensamentos e instilar crenças falsas em sua mente.

Existe, no entanto, uma proposição que mesmo um ser extremamente poderoso não é capaz de manipular: é a de que Descartes existe. E isso ele sabe porque está pensando. Embora o que ele esteja pensando possa ser falso, ele não poderia pensar se não existisse. Foi assim que Descartes chegou a sua célebre máxima, *cogito ergo sum* – "Penso, logo existo". O *cogito*, como é conhecido, era a base sólida, infalível, do conhecimento de Descartes.

Após concluir que a afirmação de sua própria existência era segura e inquestionável, Descartes empreende uma tentativa de provar a existência de Deus, e assim garante a segurança de seus demais conhecimentos. Porém, filósofos depois dele acharam que os argumentos subsequentes ao *cogito* em *Meditações* não eram convincentes, e a obra

No filme Matrix *(1999) o que as pessoas percebem como realidade é, na verdade, uma ilusão criada uma inteligência artificial maligna que governa o mundo – similar ao "gênio maligno" que Descartes diz que poderia estar nos enganando ao nos fazer acreditar que a "realidade" existe.*

passou a ser vista como o texto básico sobre ceticismo epistemológico.

Razão e experiência na Idade da Razão

Descartes foi cientista e filósofo, e seus escritos datam do início da revolução científica e filosófica que veio a ser conhecida como a "Idade da Razão". Bacon e Descartes foram os primeiros filósofos modernos nas tradições do empirismo e do racionalismo que podemos remontar a Platão e Aristóteles. Foi o filósofo alemão Immanuel Kant (1724-1804) que deu nome a essas duas vertentes da Filosofia. Baruch de Espinoza e Gottfried Leibniz seguiram Descartes no campo racionalista, enquanto os filósofos ingleses Thomas Hobbes (1588-1679) e John Locke tomaram como base os primeiros trabalhos de Bacon.

Locke foi profundamente influenciado pelo trabalho científico de dois contemporâneos seus, o matemático inglês Isaac Newton (*veja* o painel na página seguinte) e o químico irlandês Robert Boyle (1627-1691). Locke dedicou-se a explicar o entendimento humano de uma forma consistente com a mecânica newtoniana, procurando dar um fundamento científico à epistemologia.

Ele passou vinte anos escrevendo seu *Ensaio sobre o entendimento humano* (1690), que exerceria uma enorme influência sobre o desenvolvimento da Filosofia ocidental nos cem anos seguintes.

Locke passou a investigar como a mente humana coleta, organiza e classifica informações e faz julgamentos com base nelas – em suas próprias palavras, ele queria "discutir a gênese, a certeza e a extensão do conhecimento humano". Ele rejeitou a Filosofia racionalista de Descartes, acreditando que o conhecimento deveria vir da experiência, através das impressões que o mundo físico provoca em nossos sentidos.

Ele introduziu a ideia de que a mente de um recém-nascido é como uma *tábula rasa*. O bebê não sabe nada, não tem conhecimento inato e tudo o que ele ou ela aprende deriva da experiência no mundo. O resultado direto da estimulação dos sentidos são ideias simples, como "quente", "frio", "redondo", "duro", "doce", "amarelo" e assim por diante. São essas coisas que podemos experimentar diretamente e que não exigem síntese mental. Ideias complexas são construídas na mente a partir de ideias simples e exigem operações mentais. Assim, reconhecer um cachorro ou

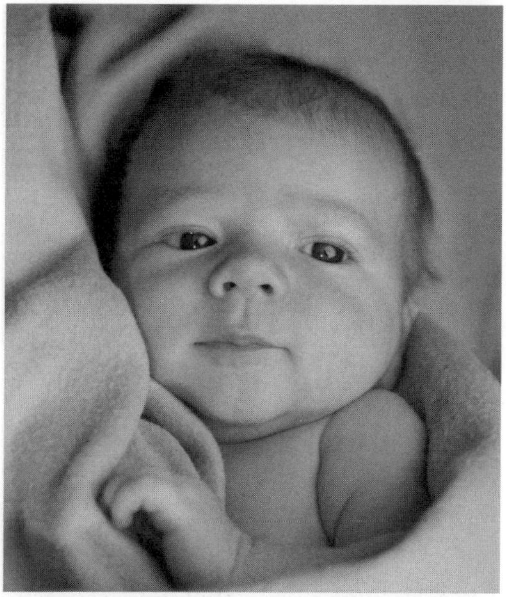

Um bebê nasce com a mente completamente vazia? Locke disse que sim; Kant disse que ele deve ter algum conhecimento, a fim de ser capaz de interpretar percepções sensoriais e construir conhecimento a partir delas.

ISAAC NEWTON (1642–1727)

O físico e matemático inglês Isaac Newton fez descobertas pioneiras na Matemática e na Física que intensificaram a revolução científica. Ele demonstrou que o universo segue leis físicas e mecânicas previsíveis. A afirmação de Newton sobre a lei da gravitação universal, a partir da qual ele foi capaz de explicar e predizer o movimento da Lua e dos planetas, não foi questionada até o trabalho de Albert Einstein, no início do século XX. Os métodos de Newton eram empíricos e indutivos, e ele criticou a abordagem racionalista de Descartes ao conhecimento.

George Berkeley (1685-1753) foi Bispo de Cloyne, no sul da Irlanda. Ele acreditava que nossos sentidos não podiam nos dar informações confiáveis sobre a natureza da realidade e que as coisas "lá fora" não existem realmente.

uma mesa a partir de um conjunto de dados sensoriais que recebemos sobre esses objetos envolve uma atividade pensante – um cachorro ou uma mesa são ideias complexas. Ideias complexas não precisam se relacionar a coisas que existem realmente, daí podemos conceber um unicórnio, que não existe, mas que é formado de duas outras ideias complexas, "cavalo" e "chifre".

As ideias simples são divididas em qualidades primárias e secundárias dos objetos. As qualidades primárias são aquelas que Locke considerava inerentes e essenciais a todos os objetos, como solidez, extensão no espaço, forma, número e repouso ou movimento. Qualidades secundárias são aquelas evidentes por causa da percepção que temos delas, como cor, cheiro e sabor. Elas não são inerentes aos objetos, mas produzidas mentalmente quando nos tornamos cientes deles. As qualidades primárias podem ser pensadas como objetivas (elas existem realmente, independentemente de um observador) e as qualidades secundárias como subjetivas, pois dependem da existência de um observador. No modelo de Locke, a cor ou o som só existem quando percebidos mentalmente. Essa visão é compartilhada por alguns filósofos e cientistas modernos.

AGORA VOCÊ A VÊ, AGORA NÃO VÊ

George Berkeley é tido como o pai do idealismo filosófico, que tentou mostrar que a visão materialista de Locke e Newton era insustentável.

Berkeley não foi o único a ver que a teoria causal da percepção de Locke implicava a existência de uma lacuna lógica entre o sujeito (a mente que percebe) e a realidade. (Essa lacuna, às vezes, é chamada "véu da percepção".)

Quando vemos alguma coisa, esta é resultado do efeito físico e causal de objetos

FOCO NOS FILÓSOFOS

A queda de uma árvore em uma floresta provoca um som, mesmo se não houver ninguém para ouvir?

Locke: Não. Ela produz vibrações no ar, mas o som é uma qualidade secundária que existe somente na mente do observador.

Berkeley: Não. Nem mesmo a árvore existe.

do mundo externo sobre nossos sentidos, o que produz uma imagem em nossa mente. Se você olhar para um gato, a luz refletida dele e que atinge a retina de seus olhos causa um sinal que viajará por suas vias neurais da retina até o cérebro, levando-o a "ver" um gato. A imagem do gato é construída em seu cérebro e não é garantia da real existência desse animal, ou de que ele "realmente" parece da forma como você o vê. (Você poderia sonhar com um gato, ou ver um ao ter uma alucinação, sem qualquer animal real estar presente.)

Berkeley chamou de percepção do gato, a "ideia" do gato. Pode ser que gatos na realidade sejam totalmente diferentes de como nós os vemos – não temos como afirmar isso. Locke afastou-se dessa conclusão corajosa distinguindo entre qualidades primárias, que existem realmente em um objeto e secundárias, que existem apenas na mente do observador. Por não reconhecer tal distinção, a realidade descrita por Berkeley ficou sem sustentação.

Obviamente, seguindo esta linha de argumento, se algo não se constitui como ideia na mente de alguém, não existe. Se você não vê o gato, quem pode afirmar que ele está lá? De fato, na sua mente, se você não o vê, ele não está lá. Isto é problemático, pois acreditamos que as coisas continuam a existir mesmo quando não estamos olhando para elas. Se você sai do banheiro e fecha

ESSENCIALISMO CIENTÍFICO

Os filósofos americanos Saul Kripke (nascido em 1940) e Hilary Putnam (nascido em 1926) propõem um modelo moderno comparável à visão de propriedades essenciais de Locke. Segundo este modelo, todos os objetos devem possuir necessariamente propriedades essenciais para serem identificados como um objeto determinado. Por exemplo, todos os tigres devem possuir DNA de tigre. Outras propriedades, como ter pelo rajado e quatro patas, não são essenciais – um tigre permaneceria um tigre se fosse albino, sem listras ou tivesse perdido uma perna. As propriedades essenciais são necessárias, mas não suficientes para definir o objeto em sua classe – logo, um pedaço da carne de tigre tem DNA de tigre, mas não é um tigre, em si.

"Os objetos do sentido só existem quando são percebidos; as árvores, portanto, estão no jardim (...) enquanto existe alguém por perto para percebê-las." George Berkeley, Tratado sobre os princípios do conhecimento humano *(1710)*

> *"Ser é ser percebido."*
>
> George Berkeley

Até 1869, os pandas eram considerados míticos. ***Não*** *ver alguma coisa não é garantia de que ela* ***não*** *existe.*

a porta (sem deixar ninguém lá dentro), as peças que compõem o banheiro param de existir? Elas aparecem e desaparecem quando você abre e fecha a porta? Berkeley tinha uma resposta para isso: nossas percepções são produzidas por nós através de Deus e, como Deus é onipresente, as coisas continuam a ser percebidas por Ele, mesmo quando nós não as estamos vendo. Deus mantém a existência do banheiro quando você não está mais lá.

A percepção é tudo, Deus é nulo

O filósofo escocês David Hume seguiu os passos de Locke, afirmando que somente o conhecimento que pode ser adquirido através de nossos sentidos é válido e qualquer outra coisa é pura invenção, devendo ser rejeitada. Como consequência ele teve de negar a existência de Deus, do *self*, de toda causalidade e mesmo a validade do conhecimento indutivo (que derivou do raciocínio). O ceticismo de Hume era reducionista ao extremo.

Constatando que nunca poderemos experimentar nosso próprio *self*, mas apenas uma cadeia de experiências, ele concluiu que o *self* é uma ilusão. "Não sou nada senão um monte de percepções", escreveu ele, querendo com isso dizer que a identidade humana é apenas a soma de um fluxo de experiências sensoriais. Da mesma forma, não experienciamos nem percebemos o mecanismo pelo qual um evento segue necessariamente a outro (causalidade), só experienciamos a sequência de eventos. Como não temos

> *Era uma vez um jovem que disse: "Deus*
> *Deve achar isto excessivamente estranho*
> *Descobrir que esta árvore*
> *Continua a existir*
> *Quando não há ninguém no pátio."*
> *Resposta:*
> *Caro Senhor:*
> *Estranha é sua surpresa:*
> *Estou sempre pelo pátio.*
> *E é por isso que a árvore*
> *Continuará a existir,*
> *Uma vez que é observada pelo seu*
> *Cordialmente,*
> *DEUS*
>
> Ronald Knox, teólogo (1888–1957)

TEORIA QUÂNTICA E OBSERVAÇÃO

Na Física Quântica, o papel do observador na existência de fenômenos parece encontrar confirmação científica. O famoso experimento da dupla fenda e suas variantes examina as propriedades das ondas/partículas de luz (e, em versões posteriores, de elétrons e mesmo de moléculas). O resultado do experimento é alterado ao se introduzir equipamentos para observar o que acontece – em alguns casos, o comportamento de uma partícula/onda parece ser alterado até mesmo retrospectivamente. A Física Quântica é complexa demais para darmos explicações neste livro, mas o impacto filosófico dessas conclusões é muito forte. É realmente impossível saber qualquer coisa se a própria verdade é determinada pela observação.

meios de experimentar a causalidade, Hume rejeitou-a, considerando-a ilusória.

Por outro lado, isto parece sensato: vemos que um evento é seguido regularmente por outro, mas tal não é evidência de que um cause o outro. Simplesmente interpretamos um como causa e o outro como efeito. É fácil inferir a causalidade incorretamente: no verão, as vendas de carnes para churrasco sobem e mais pessoas vão à praia, mas uma coisa não causa a outra; existe uma razão diferente (a melhora do tempo) por trás de ambas as tendências. Por outro lado, Hume não reconhece o que consideraríamos ser uma causalidade óbvia e autêntica. Se você atira uma pedra em uma janela e o vidro quebra, você não pode – segundo Hume – inferir que o impacto da pedra na janela tenha quebrado o vidro.

A intenção de Hume era tanto livrar a ciência de todas as falsidades ("invenções" não baseadas na experiência) quanto estabelecer uma nova ciência da natureza humana. Em seu *Tratado sobre a natureza humana* (1739-1740) ele se dedicou a encontrar princípios ou regras gerais na psicologia que lhe permitissem produzir uma visão mecanizada do entendimento, comparável à visão mecanizada que Newton tinha do universo.

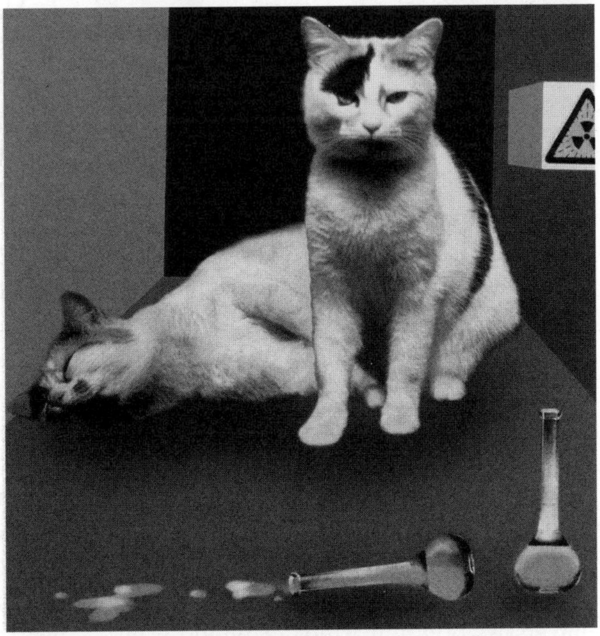

No exercício hipotético de Erwin Schrödinger, concebido em 1935, a condição de um gato – morto ou vivo – não é determinada até que um observador olhe para ele. Nesse ponto, as possibilidades quânticas vida/morte entram em colapso e o gato se torna morto ou *vivo.*

David Hume foi o mais extremista dos céticos, não se dispondo a aceitar qualquer conhecimento não percebido diretamente pelos sentidos.

A classificação feita por Hume das impressões e ideias, no entanto, deve-se muito a Descartes, cujo trabalho ele rejeitava. Isto significa que Hume falhou em seu objetivo de criar uma nova ciência, mas teve sucesso em sua primeira ambição de remover "falsidades". De fato, a crítica que ele fez do raciocínio indutivo foi devastadora, e influenciou a Filosofia nos dois séculos seguintes.

O raciocínio indutivo é a base de todo esforço científico: inferimos leis científicas universais ao examinarmos o mundo e buscamos explicações para o que vemos que está acontecendo. Hume diz que tal procedimento não é válido, e que não temos razões para supor que não existam exemplos, por nós ainda não obervados, que desaprovariam a "regra". A melhor resposta ao problema da indução vem de Karl Popper, que ressaltou que podemos traçar inferências a partir de descobertas negativas (falseamento de hipóteses). Então, se vemos cem leões marrons e um cinza, podemos inferir que nem todos os leões são marrons.

Do empirismo ao positivismo

Bem mais tarde, o filósofo da ciência Ernst Mach (1838-1916), de origem austríaca, adotou uma visão empirista que lembra o ceticismo extremo de Hume. Ele declarou que: "Conhecemos uma única fonte que revela diretamente fatos científicos – nossos sentidos." Nenhuma contemplação metafísica possuia qualquer validade. Na visão de Mach, a ciência deveria ser reconstruída como um relato dos fatos que podem ser extraídos da experiência sensorial que temos do mundo. Qualquer coisa que desvie da descrição de experiência sensorial está indo além das evidências disponíveis e, portanto, não pode ser justificada. As leis da natureza que parecemos descobrir decorrem, disse ele, de nosso desejo de impor ordem à nossa volta. Em culturas, lugares e tempos diferentes, outras explicações foram consideradas adequadas.

Se as leis da natureza não forem leis, não há como "prová-las" realmente, pois não há verdade objetiva por trás delas. A validade de qualquer lei da ciência pode ser avaliada de acordo com o modo como a ciência explica e estrutura o mundo para nós, assim nos sentimos satisfeitos e seguros e somos mais capazes de controlar e prever nosso ambiente. Isto leva a teorização científica a uma abordagem pragmática. Se existe mais de uma maneira possível de explicar alguma coisa, mas nenhuma delas tem o benefício da verdade absoluta, como vamos escolher entre as possibilidades? Mach sugere a aplicação dos princípios de simplicidade, consistência e profundidade. Embora a simplicidade possa não ser um valor absoluto (*veja* o painel na página seguinte), esta tem sido pensada como medida válida na escolha entre teorias científicas. *Consistência* significa que não deve haver contradição no modelo, e *profundidade* significa que a força explanatória deve ser grande.

> *"De acordo com nossa concepção, as leis naturais são um produto de nossa necessidade psicológica de nos sentirmos bem com a natureza; todos os conceitos que transcendem essa sensação devem ser justificados por nos ajudarem a entender, controlar e prever nosso ambiente, e diferentes sistemas conceituais podem ser usados com este fim, em diferentes culturas e em diferentes momentos com igual propriedade."*
>
> Ernst Mach

A visão de ciência de Mach apresenta um problema. O que não podemos observar, para todos os fins e propósitos, não existe. Isto inclui átomos, buracos negros, os primórdios da história geológica do planeta, as placas tectônicas, magnetismo, ondas, gravidade, tempo e espaço. Mach até disse que para lidar com tais coisas, qualquer condição material deveria invocar "as falsas ideias da velha metafísica". O americano Willard Quine (1908-2000) fez uma afirmação semelhante ao dizer que os pressupostos da Física teórica não têm melhor base epistemológica que os deuses de Homero.

A determinação de Mach de contar exclusivamente com dados sensoriais indica que ele parece negar a existência de coisas que não podemos perceber, ou negar que podemos ter conhecimento dessas coisas. No segundo caso, ele estaria alinhando-se com Kant e sua visão do "mundo incognoscível" – ou "numênico" (em oposição ao "fenomênico", isto é, o mundo que se apresenta aos nossos sentidos), como ele o chamou.

Ernst Mach seguiu uma abordagem que mais tarde seria chamada de positivismo, contando totalmente com fenômenos observáveis e dizendo que construímos as "leis" da Física e da natureza para nos ajudar a codificar a realidade à medida que a vivenciamos.

Mediando entre razão e experiência

A divisão entre empiristas e racionalistas trouxe um impasse para a Filosofia no século XVIII. Nos duzentos anos seguintes haveria tentativas de fechar essa lacuna ou rejeitar ambas as abordagens em favor da tentativa de algo novo.

NAVALHA DE OCKHAM

O princípio conhecido como navalha de Ockham tem sido enunciado de formas diferentes por vários filósofos. A ideia central é que se existem duas explicações possíveis, igualmente atraentes em diferentes aspectos, a mais simples deve ser preferida. Na verdade, não existe razão epistemológica para supor que uma explicação simples seja provavelmente mais correta do que uma mais complexa.

CONSTRUINDO O CONHECIMENTO

Immanuel Kant tentou resolver o problema, mostrando que ambas as abordagens tinham algum mérito. Em seu *Crítica da Razão Pura* (1781) ele explica como podemos fazer julgamentos objetivos sobre a realidade. Então, em sua *Crítica da Razão Prática* (1788) ele tentou justificar julgamentos éticos aplicando a razão.

Kant começou sua tarefa de reconciliar a razão e a experiência perguntando: "Quais são as precondições necessárias para se ter uma experiência?" Então, ele sugeriu que só podemos fazer qualquer interpretação de nossas experiências – ou melhor, dos dados coletados por nossos sentidos – se tivermos estruturas para interpretá-los. A mente do recém-nascido, que não sofreu aprendizado,

Immanuel Kant acreditava que os conceitos de espaço e tempo, de causa e efeito, eram programados no cérebro humano e afetavam nossa percepção de todas as experiências – até mesmo jantar com amigos.

não é totalmente uma *tábula rasa* como Locke afirmou, porque se o bebê não tivesse meios de entender o que ele vê e ouve, nunca poderia construir qualquer conhecimento.

Kant alegava que a mente impõe estruturas aos dados que chegam. Ele propôs 12 julgamentos fundamentais, ou Categorias: substância, causa/efeito, reciprocidade, necessidade, possibilidade, existência, totalidade, unidade, pluralidade, limitação, realidade e negação. Estas Categorias devem ser aplicadas dentro das estruturas de espaço e tempo, que Kant chamou de "formas de intuição". Ao aplicar as Categorias, com referência ao lugar e ao tempo que os dados são recebidos, e a mente pode dar sentido a esses dados. Kant tinha tanto orgulho dessa ideia que se referia a ela como sua "revolução copernicana", acreditando que ela derrubaria a ordem estabelecida no mundo, finalmente explicando como a mente gera o conhecimento, ao delimitar os princípios da experiência.

Este autorretrato do robô Curiosity, da Nasa, que está em Marte, combina dezenas de exposições tiradas durante um dia de Marte, ou Sol. Curiosity aplica algoritmos aos dados que chegam dos sensores para fornecer "conhecimento" sobre o ambiente a seu redor. Da mesma forma, Kant alegaria, que o cérebro humano codifica os dados sensoriais que nos chegam em categorias intuitivas para que nós possamos interpretar a experiência.

Mas, existia um problema na abordagem de Kant. Se a mente humana podia aplicar estruturas apenas aos dados reunidos pelos sentidos, a razão era pouco empregada e o âmbito da metafísica ficava intocado. Os racionalistas (como Descartes) construíram o conhecimento puramente a partir da mente, e puderam lidar com conceitos abstratos como justiça, beleza, *self* e virtude. A construção do conhecimento de Kant exigia dados fornecidos pelos sentidos como ponto de partida, logo não havia espaço para nada que não começasse com a experiência. Nosso conhecimento pode ser uma sistematização da experiência – ele não pode se estender para a realidade por trás do que percebemos, o mundo numênico (*veja* o painel abaixo).

O caminho para a verdade

Enquanto Kant considerava inevitável a lacuna entre os mundos numênico e o fenomênico (o real e o percebido), Hegel considerava-a inaceitável e queria acabar com ela.

Hegel acreditava na existência de uma verdade última e que esta era acessível ao entendimento humano. O caminho para a descoberta está em um processo que ele chamava de "dialética" e que acontece na totalidade das coisas, revelando lentamente a história do pensamento humano. A dialética hegeliana começa com uma noção, ou tese, que é considerada verdadeira. Se refletirmos sobre essa tese, descobriremos que existe outro ponto de vista possível que a contradiz. Este é chamado "antítese". A comparação e a consideração desses pontos de vista opostos revela, com frequência, uma terceira forma que poderia ser algo como um meio-termo. Esta é chamada "síntese". A síntese torna-se a nova tese e, então, uma nova antítese surge para contradizê-la, portanto, uma nova síntese deve ser encontrada, e assim por diante. Através de um processo de iteração, nos aproximamos da verdade.

Mas não é uma verdade no sentido que uma proposição é verdadeira e outra não é. Para Hegel, a verdade não era propositiva – em vez disso, era conceitual, e relacionada à completude. A progressão para uma verdade é realmente uma progressão rumo a uma mente universal ou espírito. No modelo de Hegel, uma teoria científica tida como errada ou inadequada está meramente incompleta. As leis da gravidade de Newton foram aceitas como absolutamente corretas durante muitos séculos, mas Einstein mostrou que elas não se aplicam a corpos muito pequenos (como os átomos) e talvez nem a corpos maiores que galáxias. Isto não torna a lei da gravitação errada – apenas aponta uma limitação dela, um entendimento incompleto da verdade absoluta. Atingir a verdade absoluta significa superar todas as limitações. Ela finda com um grande conceito metafísico de um espírito universal.

Arthur Schopenhauer foi contemporâneo de Hegel. Embora não admirasse Hegel, Schopenhauer também tomou como ponto de partida a incognoscibilidade das coisas em si mesmas, a realidade "real" por trás do mundo fenomênico como descrito por Kant. Mas Schopenhauer pressupôs um tipo de porta dos fundos, uma via de escape pela qual *podemos* conhecer as coisas em si mesmas. Temos

OS MUNDOS NUMÊNICO E FENOMÊNICO

De acordo com Kant, o mundo que vivemos é o fenomênico: é nele que vemos paisagens, ouvimos os pássaros cantar, comemos e tomamos vinho. Nossas mentes dão sentido aos dados recebidos pelo cérebro através dessas experiências. O que está além dessas instâncias de realidade a nós apresentadas é o mundo numênico, "a coisa em si" (*das Ding an sich*), que não é acessível ao conhecimento humano. Se víssemos através de um vidro que distorcesse a imagem durante toda a nossa vida, enxergaríamos tudo diferente, mas não saberíamos que nossa percepção era distorcida. Da mesma forma, não podemos saber como o mundo percebido (o mundo fenomênico) relaciona-se com o estado real do mundo (o mundo numênico).

> *"O imperativo 'absoluto', 'conhece-te a ti mesmo', quer o examinemos isoladamente ou sob a circunstância histórica em que foi proferido pela primeira vez, não tem a significação de ser apenas um autoconhecimento com relação às capacidades individuais (...) do self único. O conhecimento que ele comanda significa aquele da realidade genuína do homem – do que é essencial e finalmente verdadeiro e real – do espírito como verdadeiro e essencial."*
>
> George Hegel

de perceber que "estamos entre aquelas entidades que queremos conhecer, logo nós também somos uma coisa-em-si". Schopenhauer queria dizer que o "eu" subjetivo só nos é revelado no mundo dos fenômenos, logo, ele não pode constituir nossa essência real (a "coisa-em-si"). Nossa essência real é a vontade, a força universal vigorosa, que está contida em cada ser individual, por seu desejo insaciável de revelar-se no mundo de aparências. Reorganizar a vontade leva-nos a conhecer "a coisa-em-si" que é o "eu".

Georg Hegel propôs uma forma de abordar a verdade através de uma série de teses construídas umas sobre as outras ao longo do tempo, a mais completa sempre substituindo a menos completa.

O SURGIMENTO DA FENOMENOLOGIA

O matemático e filósofo alemão Edmund Husserl (1859-1938) via a ciência não como uma iniciativa empírica mas, principalmente, racional. Como Descartes, ele achava que a Filosofia deve começar com a autoevidência da subjetividade do indivíduo. A ciência, na visão de Husserl, em vez do mundo "lá fora" é uma exploração da percepção, da crença, do julgamento e de outros processos mentais. Essa posição – que só podemos lidar com as impressões dos sentidos que nos chegam através dos fenômenos, e não conseguimos lidar diretamente com a "realidade" que nos causa essas impressões – é chamada de *fenomenologia*. É central ao existencialismo e, depois de Husserl, foi explorada por Heidegger, Merleau-Ponty e Sartre.

Husserl começou com o conceito de "intencionalidade" que ele tomou do psicólogo alemão Franz Brentano (1838-1917). De acordo com Brentano, todos os atos mentais são dirigidos para um objeto. Se pensamos na cidade de Paris, o pensamento

"FILOSOFÊS": FENOMENOLOGIA

A **fenomenologia** é essencialmente subjetiva: diz que temos de lidar com o mundo do modo como o sentimos, e não como o mundo é realmente.

Existem níveis diferentes de fenomenologia. Kant pode ser chamado de fenomenólogo epistemológico, pois acreditava que tudo o que podemos saber vem do ato de experimentar. George Berkeley pode ser chamado de fenomenólogo ontológico, pois ele acreditava que a única coisa que existe é o ato de experimentar.

é dirigido para o objeto Paris. Se nos indignamos com a injustiça, nossa raiva é dirigida para a injustiça (o objeto pode ter natureza abstrata). Se tememos fantasmas, o temor é dirigido para fantasmas (o objeto não precisa existir na realidade – o medo existe, quer fantasmas existam ou não). Husserl sugeriu que a intencionalidade da mente implica que o estado de consciência (pensamento, raiva, medo) não pode ser separado de seu objeto (Paris, injustiça, fantasmas). Eles existem juntos, como dois aspectos de um fenômeno, o ato intencional.

Logo, para Husserl a consciência era "dirigida para um objeto" (quer exista ou não um objeto físico externo). O objetivo da Filosofia, acreditava ele, é entender como esse direcionamento manifesta-se. Ele considerava essa uma versão não empírica da ciência: que investiga apenas os elementos subjetivos dos processos mentais da experiência.

A investigação de Husserl não precisou dedicar muita atenção ao que está "lá fora", por trás do ato mental, se é que existe alguma coisa por trás deste ato. Ele estava interessado apenas no que podia considerar como certezas, que estão na mente consciente e nos atos da consciência. Como Descartes, Husserl percebeu que não podia afirmar nada indubitavelmente sobre o mundo "lá fora", exterior à mente. Isto não o incomodava muito, o que o incomodava era que ele se confrontava com uma posição cética a respeito da consciência, ou do "conhecimento do eu". Por sua própria definição, a consciência é identificada junto com o ato intencional, mas não é o ato, é a observação do ato. O *self* (ou consciência) não pode ser o objeto de um ato intencional porque não pode ser simultaneamente observador e observado. Husserl foi levado a

Arthur Schopenhauer via toda a criação dirigida por uma Vontade universal, uma força vigorosa ávida para ser percebida e reconhecida.

Para Edmund Husserl qualquer realidade que possa corresponder à cidade de Paris é menos importante para nós que o ato de ver ou contemplar aquela cidade.

concluir que o sujeito da experiência (o *self*) é transcendental – habitando alguma outra esfera. Isto foi um retorno à posição dualista de Descartes na qual o *self* e o mundo externo (e por extensão, a mente e o corpo) ocupam esferas distintas.

O filósofo francês Maurice Merleau-Ponty (1908-1961) foi muito influenciado por Husserl e também adotou uma abordagem fenomenológica, focando na experiência incorporada sem referência à realidade objetiva (ou não) do mundo vivido.

Merleau-Ponty achava tanto o empirismo quanto o racionalismo insatisfatórios, em parte porque nenhum deles respondia ao paradoxo de Mênon: que você não pode procurar algo que não conhece, pois não o reconhecerá se encontrar.

Os empiristas olham o mundo como algo separado da mente – a mente consciente é o sujeito e o mundo é o objeto. Experimentamos o mundo de maneira rica, com várias camadas, e sempre em um contexto complexo. Mas, para entendê-lo tentamos organizá-lo, dividir essa experiência contínua em partes distintas. Não podemos saber se o modo como juntamos essas partes em nossas mentes é uma representação exata da realidade (supondo que exista um mundo objetivamente real). Isto significa que o mundo externo permanece desconhecido, e o paradoxo de Mênon se mantém. O racionalismo (que Merleau-Ponty chama de intelectualismo) também deixa de responder ao paradoxo de Mênon: se o conhecimento existe a *priori*, então por que se incomodar em buscá-lo?

Merleau-Ponty coloca a percepção em lugar de destaque em seu modelo. Ele não podia reconciliar o racionalismo com sua visão, uma vez que ela não dava importância à percepção no processo de adquirir conhecimento e não levava em conta o corpo e a realidade de nossa existência como seres corporificados. Ele não podia aceitar o empirismo, pois este divide as percepções sensoriais de maneira atomista que não se relaciona com a realidade da forma como nós a vivemos. Em vez disso, para Merleau-Ponty a experiência perceptiva ocorria através do "corpo vivido". Com isso, ele queria dizer que o sujeito (a consciência) não existe apenas na mente, mas é vivenciado no corpo todo e através dele. Ele rejeitava a visão cartesiana do corpo como um mecanismo fisiológico habitado por um espírito separado. Merleau-Ponty via o corpo e a mente como um mecanismo integrado; a mente não era apenas um habitante, e o ato da percepção não era apenas o impacto dos dados percebidos pelos sentidos nos órgãos sensoriais, mas algo que envolve o intelecto.

Para ele, derivamos o sentido de nossas experiências através da maneira como as percebemos em relação aos nossos corpos – quente ou frio, grande ou pequeno, perto ou longe. Nossa experiência de localização espacial depende de como nossos corpos ocupam o espaço e de uma localização específica. Nossa experiência do tempo é ditada por nossa incapacidade de habitar qualquer momento que não o presente, portanto, definindo nosso sentido sobre o passado e o futuro.

Ao descrever a experiência como um diálogo sujeito-objeto, Merleau-Ponty destacava que cada experiência é percebida com tudo o que a cerca no espaço e tudo o que a precedeu no tempo. Ele rompeu com o dualismo mente/mundo e colocou o corpo em um terceiro estado entre eles. Ele também resolveu o paradoxo de Mênon. Como saberemos ter encontrado o que estávamos procurando se não sabemos o que é que procuramos? Porque a experiência incorporada dá sentido a isto. Primeiro, nossas percepções são confusas e ambíguas, mas quando nos tornamos mais engajados corporalmente com o mundo, as coisas tornam-se mais definidas e certas.

Olhando a realidade de lado

O empirismo aflorou no século XX, talvez estimulado ou apoiado por rápidos e frequentes avanços na ciência e pelo crescente

EMPIRISTAS

"O empirismo não vê que precisamos saber o que procuramos, caso contrário não o procuraríamos, e o intelectualismo não vê que precisamos ignorar o que estamos procurando, sem o que, novamente, não o procuraríamos."

Maurice Merleau-Ponty, *A Fenomenologia da Percepção* (1945)

A. J. Ayer foi um grande dançarino e uma vez disse que preferia ter sido dançarino a filósofo. Ele desistiu da ambição quando percebeu que nunca seria tão bom quanto Fred Astaire.

interesse que os filósofos tiveram pelo conhecimento científico de ponta. O filósofo inglês Alfred Ayer (1910-1989), mais conhecido como A. J. Ayer, foi um empirista na tradição de Hume. Ele desenvolveu uma forma sólida de empirismo que chamou de "fenomenologia linguística". Em geral, a fenomenologia considera os objetos no mundo material como construções mentais feitas a partir de dados recolhidos pelos sentidos. Na versão de Ayer, as afirmações sobre objetos materiais só podem ser realmente afirmações sobre os dados que recebemos percebidos pelos sentidos, pois os objetos não são observáveis nem cognoscíveis.

Ayer defendia que qualquer afirmação sobre objetos materiais pode ser reduzida a declarações sobre dados dos sentidos. Logo, se vemos uma árvore em um jardim, tudo o que podemos dizer realmente é que: se vamos a um lugar que é conhecido como jardim teremos experiências de dados dos sentidos (isto é, veremos) sobre algo que exibe a "natureza de uma árvore, ou *arvoridade*". E a razão para vermos algo que exibe a natureza de uma árvore é porque é isso que acontece se você entrar em um jardim (não necessariamente por existir uma árvore – ou qualquer outra coisa que exiba a "natureza de uma árvore"). Embora Ayer estivesse tentando ser mais rigoroso sobre o que podemos estar certos, ele acabou sendo bastante vago e incerto.

Positivismo lógico

Ayer talvez seja mais lembrado por ter estabelecido o *positivismo lógico*, uma corrente no pensamento do século XX que restringiu drasticamente o escopo da Filosofia. Para os positivistas lógicos, a Filosofia se dedica a organizar pensamentos. Afirmações "verdadeiras" caem em duas categorias. Elas ou são "tautologias", isto é, verdades da Matemática e da lógica que simplesmente "são" verdadeiras, ou são as afirmações científicas constatadas empiricamente. Qualquer outro tipo de afirmação, inclusive qualquer coisa sobre metafísica ou religião, simplesmente não tem sentido – não chega nem a ser falso. Os positivistas lógicos dependem do princípio do verificacionismo: a validade de uma afirmação reside em sua capacidade de ser verificada a partir da experiência ou de ser "analítica" – demonstrável pela lógica a partir de uma afirmação que seja aceita como verdadeira. Iniciado antes da Segunda Guerra Mundial, o positivismo lógico surgiu dos chamados Círculo de Viena e Círculo de

Berlim, grupos de filósofos que compartilhavam ideias e debatiam em Viena e Berlim – o que não é de se surpreender.

$SP_1 \longrightarrow TT \longrightarrow EE \longrightarrow SP_2$

Uma situação problema (SP_1) dá origem a algumas teorias tentativas (TT). Um processo iterativo de eliminação de erro (EE) leva a um entendimento melhor e à afirmação de uma situação problema mais complexa e interessante (SP_2).

Verificando e falseando

O filósofo Karl Popper respondeu ao verificacionismo com o método que ele chamou de "falseacionismo" – um método que, segundo ele, resolvia o problema da indução de Hume. Hume acreditava que ao examinar dados coletados podemos ver padrões que nos levam a teorias ou a extrair regras. A dificuldade é que nunca conseguimos examinar todos os exemplos possíveis. Logo, poderíamos decidir, com base na observação, se todas as raposas são vermelhas, ou se todos os cisnes são brancos. Mas, não vimos todas as raposas nem todos os cisnes. As pessoas acreditavam que os cisnes eram brancos até que viram cisnes negros. Não se pode dizer que um dia não encontraremos uma raposa verde. Essas conclusões extraídas e generalizadas com base na observação (isto é, induzidas) não são sólidas, pois um único contraexemplo pode derrubá-las. Popper ressaltou que é mais fácil refutar uma teoria do que verificá-la.

Ele disse que fazer uma generalização a partir de uma conclusão baseada em um conjunto de evidências sensíveis não é válida, mas tem a condição lógica de uma conjectura. Ela pode ser testada por observações que a refutarão (se vemos uma raposa verde, por exemplo) ou podemos aguardar para testá-la com outras observações. Somente se tivéssemos visto todas as raposas que existem ou que existirão, a generalização de que todas elas são vermelhas poderia tornar-se uma conclusão.

Karl Popper (à esquerda) é considerado um dos principais filósofos da ciência do século XX.

> *"De minha parte (...) creio em objetos físicos e não nos deuses de Homero; e considero um erro científico acreditar no contrário. Mas, em termos epistemológicos, os objetos físicos e os deuses diferem apenas em grau e não em natureza. Ambas as entidades só entram em nossas concepções como pressupostos culturais."*
>
> Willard Quine,
> *Dois dogmas do empirismo* (1951)

A marca característica de uma teoria científica é que ela pode ser falseada. Para Popper a psicanálise não é uma ciência, uma vez que suas teorias não podem ser falseadas – isto é, não existem, e nunca existirão, evidências científicas que poderão refutar a psicanálise. Ele via o acúmulo de conhecimento científico ao longo do tempo como resultado de repetidos falseamentos. Como se constata que uma teoria após a outra está errada, o estoque de teorias remanescentes (ou teorias substitutas) vai desaparecendo lentamente, permanecendo apenas aquelas que são mais corretas.

Willard Quine (1908-2000) foi um empirista *por excelência*. Ele afirmava que a ciência é "o árbitro final da verdade" e somente a ciência pode nos falar sobre o mundo. Mesmo assim, nosso conhecimento do mundo é limitado por nossa recepção e interpretação dos dados dos sentidos. Em *Dois Dogmas do Empirismo* (1951) ele fez duas críticas ao positivismo estabelecido. A primeira delas é uma crítica à distinção feita por Kant entre as proposições analíticas, que por definição são verdadeiras (como "todos os cadáveres estão mortos") e as proposições sintéticas, que são verdadeiras ou falsas de acordo com as circunstâncias (que está chovendo, por exemplo). Em segundo lugar, ele rejeitou a alegação de que uma afirmação sobre o mundo material pode ser reduzida a declarações sobre dados dos sentidos (*data-sense*).

Quine alegava que todas as proposições são ligadas às experiências sensoriais e à "rede de crenças" em que estamos envolvidos. Não podemos dissociar nossas experiências de nossa visão de mundo; portanto, a teoria e a experiência andam necessariamente de mãos dadas. A ciência é essencialmente um exercício pragmático que encaixa a experiência àquilo que podemos saber e prediz a experiência futura com base na experiência passada. Quine aceitava que a ontologia (que é orientada para o que existe) é relativa às crenças de uma sociedade específica.

REAÇÃO

Paul Feyerabend (1924-1994), nascido na Áustria, rejeitou tanto o positivismo lógico quanto o falseacionismo de Popper. Ele ficou famoso nos anos 1960 e 1970 por estabelecer o "anarquismo epistemológico", que atacava o pressuposto de que a ciência está enraizada em uma metodologia racional.

"FILOSOFÊS": PROPOSIÇÕES ANALÍTICAS E SINTÉTICAS

Proposições analíticas são verdadeiras por definição – como, "todos os solteiros não são casados".
Proposições sintéticas têm sujeito e predicado específicos – como "aquele solteiro tem 25 anos".

Muita gente diz que vê OVNIs. Alguns até afirmam ter estado dentro de um. Porém, a opinião convencional é a de que essas pessoas estão enganadas.

Feyerabend começou com uma ideia proposta por Thomas Kuhn (1922-1996) de que a ciência oscila entre períodos de "ciência normal" e "ciência revolucionária". De acordo com Kuhn, existem longos períodos durante os quais a ciência segue devagar, com descobertas que apenas endossam o paradigma vigente que está sendo observado. Então, há períodos ocasionais de ciência revolucionária quando tudo está em aberto e ocorrem importantes mudanças de paradigma. Feyerabend negou essa ideia, dizendo que sempre há teorias científicas incompatíveis disputando a atenção, e é a competição que torna o esforço científico frutífero. Mesmo que uma teoria seja considerada adequada, sugerir alternativas é bom, pois o desafio nos força a examinar o quanto ela é realmente sólida e nos obriga a fazer mais testes. Isso levou Feyerabend para o "relativismo" e para o "antirrealismo". Ele rejeitava o senso comum de que uma teoria é válida caso ela "se adéque aos fatos", pois não aceitava que os fatos pudessem ser ajus-

tados. Feyerabend considerava que todas as declarações de fatos estão ligadas a crenças e a convenções, atreladas às palavras empregadas para expressá-las. Aqui ele recorre à ideia de "jogo de linguagem" de Ludwig Wittgenstein, que diz que todo uso de linguagem está limitado pelo contexto social.

Feyerabend alegava que declarações factuais não refletem uma realidade independente, mas são determinadas por convenções sociais e pelas conotações das palavras, e que estas, por sua vez, refletem uma visão prevalescente do mundo. Ele sugere que em vez de comparar uma teoria com os "fatos", devemos comparar teorias concorrentes umas com as outras, e escolher aquela que mais acrescenta ao nosso entendimento.

A doutrina do anarquismo epistemológico de Feyerabend dizia que não há regras nem métodos na ciência que produzam resultados positivos confiáveis; portanto, a ciência

Com sua visão de que nenhuma teoria ou enunciado factual reflete um estado real das coisas, Paul Feyerabend se distanciou de diversos filósofos.

> *"Só existe um princípio que pode ser defendido em qualquer circunstância e em todas as etapas do desenvolvimento humano. É o princípio: tudo vale."*
>
> Paul Feyerabend, *Contra o Método* (1975)

é essencialmente anárquica. Poucos acadêmicos deram atenção à posição de Feyerabend, porém, ele gozou de popularidade entre alguns grupos alternativos que resistiam aos dogmas da ciência.

O que é a verdade?

Discutimos longamente como os filósofos pensam que o conhecimento é adquirido, e o que podemos, às vezes, considerar "verdadeiro", mas tratamos pouco sobre o que é a verdade. A definição funcional de conhecimento é "uma crença verdadeira", enraizada na asserção de Platão de que o conhecimento é uma crença justificada. Por definição, ter conhecimento é possuir informações que são verdadeiras porque, caso reconheçamos que algo não é verdadeiro, não conheceremos essa coisa realmente, mas apenas acreditaremos nela.

Mas, o que é "verdadeiro"? Talvez algo verdadeiro corresponda a alguma forma de realidade – seja empírica ou no âmbito de Formas Ideais. Esta é a teoria da "correspondência" da verdade. A natureza da verdade é uma questão de metafísica, mas que, claramente, está no cerne da epistemologia. Tomás de Aquino fez uma afirmação sucinta desta correspondência:

"Verdade é a conformidade do intelecto às coisas."

Tomás de Aquino também disse que as coisas reais fazem parte da criação de Deus,

> *"Dizer que aquilo que é **não é**, e dizer que aquilo que não é **é**, é falso; por outro lado, dizer que aquilo que é **é**, e dizer que aquilo que não é **não é**, é verdadeiro."*
>
> Aristóteles, *Metafísica*

e Deus é a verdade. O intelecto humano, acreditava ele, é capaz de apreender a essência das coisas por causa de seu aspecto espiritual, com a participação de Deus.

No entanto, Kant aponta um problema com a definição de correspondência da verdade. Precisamos contar com nosso julgamento para nos indicar se consideramos com exatidão a verdade de algo (se isto corresponde à realidade). Esta não é uma forma confiável de testar.

REDEFININDO A VERDADE

Søren Kierkegaard dividiu os tipos de verdade em "objetivo" e "subjetivo". Verdades objetivas são coisas como as leis da Matemática e outras afirmações sobre o mundo externo em relação a si mesmo, além das afirmações sobre os fatos do ser. Verdades subjetivas são afirmações sobre o mundo interno, pessoal, a relação do indivíduo com o mundo – a maneira de ser. Estas variam entre indivíduos, e o valor que cada um atribui à ela muda e evolui constantemente. A verdade subjetiva é dinâmica, enquanto a verdade objetiva é estática.

Nietzsche escreveu em *Além do bem e do mal* (1886) "A falsidade de um julgamento não é necessariamente para nós uma objeção a um julgamento (...) A questão é em que medida este impulsiona a vida, preserva a vida, preserva a espécie, e talvez até mesmo crie espécies."

O filósofo americano John Dewey (1859-1952) sustentava que a "verdade" como medida da adequação de um relato ou modelo à realidade é inútil. Ele sugeriu, em vez disso, que aceitemos como "verdadeira" a interpretação de eventos que provar ser a mais válida – que nos dará uma forma de viver e trabalhar no mundo, do modo como ele é encontrado por nós. Ele chamou esse estado de "asserção garantida", ou verdade garantida pela asserção, evitando simulações e a bagagem filosófica da palavra "verdade". Com isso, a "verdade" não tinha mais de ser "verdadeira", na acepção comum da palavra.

O filósofo americano Richard Rorty (1931-2007) foi bastante influenciado por Dewey. Ele achava que a longa busca filosófica por valores fundacionais, ou verdades *a priori*, produziria "sempre resultados controversos a respeito de questões de interesse maior". Ele rejeitava o esforço cartesiano de tornar a Filosofia uma ciência, o que, em sua opinião, teria gerado um debate entre racionalistas e empiristas, idealistas e materialistas durante centenas de anos, que não nos levou a lugar nenhum. A ideia de que a mente é um "teatro de representações", lidando para sempre com uma realidade fora de si mesma, era falha. Também era falha a tentativa posterior de trocar a linguagem pelo intelecto, e de colocar a ciência no lugar do modelo de Deus.

A definição de "verdade" de John Dewey era altamente pragmática – aceitamos o que se adequar convenientemente ao nosso modelo.

Em vez de tradições intelectuais falidas, Rorty propôs o "behaviorismo epistemológico" (ou "comportamentalismo epistemológico"). A premissa central dele é que nós sabemos o que nossa sociedade nos deixa saber. O que aceitamos não tem nada a ver com o modo como uma afirmação espelha o mundo, e tudo a ver com o quanto ela se encaixa no que já acreditamos. Respostas a respeito de o porquê acreditamos naquilo que acreditamos serão encontradas na Psicologia, Sociologia ou Biologia, mas não na Filosofia.

Pensadores de todas as épocas – copernicanos, marxistas e cientistas modernos, em um dos exemplos de Rorty – chegaram a enunciados como "a Terra gira em torno do Sol", "toda a história é história de luta de classes" e "a matéria pode ser transformada em energia". Essas novas descrições inicialmente foram vistas como falsas, depois foram aceitas como hipóteses e finalmente "se tornaram aceitas como claramente verdadeiras", pelo menos dentro de certas comunidades de pesquisa. Uma vez que não há verdades consumadas, Rorty achava que a verdade não pode ser um alvo de investigação significativo. Os filósofos devem se voltar, em vez disso, para a questão prática da "justificação honesta". As crenças que "funcionam", que ajudam no alcance dos propósitos de uma cultura, são aquelas que podem ser justificadas.

O que podemos dizer?

Nos últimos 150 anos, aproximadamente, deslizes e imprecisões da própria linguagem têm surgido como uma marca importante na Filosofia. A necessidade de expressar pensamentos filosóficos – na verdade, todos os pensamentos – em linguagem tem levado à preocupação de que o que podemos dizer ou mesmo pensar está condicionado pela linguagem que devemos usar. Distorcemos o que as outras pessoas dizem de acordo com nosso entendimento da linguagem. De que maneira a linguagem relaciona-se ou corresponde à realidade?

Infelizmente, a linguagem é realmente nossa única forma de comunicação. As palavras acumularam sentidos ao longo do tempo, através de sua utilização e reutilização. Com substantivos concretos – cão, cadeira, guarda-chuva e assim por diante – é mais fácil concordar quanto a um sentido, pelo menos a um nível razoavelmente funcional. Ou pelo menos é o que parece. De fato, precisamos ter muito mais conhecimentos para entender: "O que faz uma raposa não ser um cão?" "Em que aspecto um guarda-sol não é um guarda-chuva?" Fica mais difícil concordar quando temos substantivos abstratos e adjetivos, preposições e outras palavras não concretas. As palavras têm conotações e implicações que, com frequência, dependem do contexto social ou intelectual em que são usadas. Por exemplo, se eu disser para minha filha adolescente: "O vovô está ruim", ela entenderá que eu quis dizer que ele não está bem. Mas se eu disser: "Aquele vídeo é ruim", ela não saberá se eu quis dizer que ele não foi bem-feito tecnicamente ou se é um vídeo ruim, com conteúdo degradante ou ofensivo.

Um filósofo como Heidegger – que não confiava, e descartava muito do vocabulário usado no discurso filosófico – poderia cunhar novos termos para evitar sentidos inconvenientes ou acrescentar outros significados a um vocábulo, mas o problema é que ninguém mais saberia qual o significado daqueles termos. Então, o filósofo deve definir ou escrever novos termos de tal modo que seu sentido torne-se evidente – fique claro – no contexto.

Assim como "o véu da percepção" distorce nossa visão da realidade, também o inevitável uso da linguagem para comunicar ideias as distorce na sua transmissão e recepção.

Existem alguns termos cunhados neste livro – "filosofês", "que/seja" que ilustram esse ponto.

A "VIRADA LINGUÍSTICA"

O interesse pela Filosofia da linguagem começou com o trabalho do matemático, lógico e filósofo alemão Gottlob Frege (1848-1925). Frege questionou a definição de uma proposição que fora aceita desde que fora formulada por Aristóteles, e a reformulou em um modelo matemático. Se tomássemos a sentença "Sócrates é sábio", o modo (propositivo) aristotélico de descrevê-la seria dizer que ela tem um sujeito, "Sócrates", e um predicado, "é sábio". Em vez disso, Frege separou a sentença em um argumento, "Sócrates", e uma função, "é sábio". Podemos deixar Sócrates de fora e ver que tipo de palavra precisa entrar em seu lugar:

( ) é sábio

Isto se parece com uma sentença matemática em que os argumentos podem ser substituídos em uma função:

( ) + ( )

Como nem o argumento nem a função tomados isoladamente têm significado, e a sentença só tem sentido em sua completude, então, está claro que é o contexto que lhe confere sentido. Frege vai além, para mostrar que existe uma lacuna entre o referente (o que está sendo discutido) e o sentido de uma sentença. Por exemplo, suponha que exista uma estrela de um filme chamada Fifi Ambergris e que estamos falando sobre ela. Eu a chamo "aquela burrice plástica", mas você a chama "aquela beleza que ganhou o Oscar"; queremos dizer coisas diferentes (o sentido é diferente), mas estamos nos referindo à mesma pessoa (a referência é a mesma, Fifi Ambergris).

O PENTEADO DO REI DA FRANÇA

O filósofo inglês Bertrand Russell (1872-1970) preocupava-se com problemas de sentido e referência. Ele se dedicou a determinar se uma sentença como "O atual Rei da França é calvo" pode ser considerada verdadeira, falsa ou sem sentido. Tal sentença não tem referência, pois o sujeito (o Rei da França) não existe.

Se disséssemos que ela é falsa, isto implicaria que o contrário (que o Rei da

> *'"Quando eles (meus filhos mais velhos) nomeavam algum objeto, ao aproximarem-se dele, eu via e entendia que este era chamado pelo som que eles proferiam quando queriam chamar atenção para ele. A intenção deles era mostrada por seus movimentos corporais, como se fosse a linguagem natural de todas as pessoas: a expressão facial, o movimento dos olhos (...) Aos poucos, ao ouvir as palavras repetidamente usadas no lugar certo em várias sentenças, eu percebia a que objetos elas referiam-se; e (...) eu as usava para expressar meus próprios desejos."*
>
> Santo Agostinho, *Confissões,* I. 8

O INÍCIO DA SEMIÓTICA

O linguista suíço Ferdinand de Saussure (1857-1913) é considerado com frequência o iniciador da semiótica, estabelecendo uma base importante para a linguística do século XX. Ele via a linguagem como um sistema de signos; cada palavra é um signo que pode ser compreendido como um par significante-significado. O significante é a palavra falada (ou escrita), um padrão de sons. O significado é a coisa ou conceito que a palavra denota. O padrão de sons relacionado a qualquer conceito é fundamentalmente arbitrário. Logo, embora possamos encontrar o som de uma palavra como "gato" em diferentes línguas, não há razão para aquele som, e não outro, ligar-se ao conceito de "gato".

A linguagem, no entanto, é maior do que a soma de palavras nela contidas. Tem uma estrutura que pode ser analisada independentemente dos vocábulos que a compõem, e forma um sistema pelo qual os humanos podem constituir e articular seu mundo. A linguagem é essencialmente social; ela é um sistema de signos partilhados que, para fazerem sentido, precisam que outras pessoas sejam capazes de decodificá-los. O som e o sentido (significante e significado) são ambos "depositados na mente" pelo evento da fala. O significante e o significado são como "a frente e o verso de uma folha de papel". As palavras adquirem sentido em virtude das diferenças entre elas e outras palavras – logo, "macho" e "fêmea" precisam uma da outra a fim de terem sentido.

França não é calvo) é verdadeiro. Mas a afirmação claramente não é verdadeira. E não é desprovida de sentido, pois podemos entender o seu enunciado.

Russell propôs que tais sentenças consistem de alegações distintas, que devem ser avaliadas separadamente. Neste caso, a primeira proposição (que existe um Rei da França) é falsa. Apenas uma alegação precisa ser falsa, para que o todo seja rejeitado e visto como falso; logo, podemos rejeitar essa afirmação e considerá-la falsa. Esta é teoria das "descrições definidas". Ela é útil pois significa que nossas falas sobre coisas que não existem podem ter sentido.

WITTGENSTEIN *VERSUS* AGOSTINHO

Frege influenciou os primeiros trabalhos de Ludwig Wittgenstein (1889-1951), um dos mais famosos filósofos da linguagem. No início de sua carreira filosófica, Wittgenstein publicou seu *Tractatus*

Logico-Philosophicus (1918) e teve grande aprovação, porém, depois disso ele procurou incessantemente chegar a um texto que melhor expressasse a complexidade de seus novos pensamentos, e acabou não publicando em vida nenhuma outra obra de Filosofia.

Em seu *Tractatus Logico-Philosophicus*, Wittgenstein discutiu o que chamou de "a imagem agostiniana da linguagem". Ele não se preocupou com a grandeza da figura que estava atacando. Embora tivesse apenas 32 anos quando o *Tractatus* foi publicado, Wittgenstein afirmou que este respondia a todas as questões de Filosofia e não havia nada mais a fazer, então retirou-se imediatamente de sua intensa vida acadêmica.

O *Tractatus* aborda a relação entre linguagem, pensamento e realidade. Wittgenstein seguiu Frege ao dizer que o significado de qualquer expressão deve ser determinado pela natureza do mundo – sem contexto, tudo é vago e sem sentido. E ele seguiu Bertrand Russell ao dizer que a linguagem e o mundo devem ser entendidos em termos de suas partes constituintes. Mas Wittgenstein foi além, dizendo que a estrutura subjacente das sentenças deve espelhar a estrutura do mundo. Ele disse que as sentenças devem ser representações – retratos – de possíveis estados das coisas. Esta é sua "teoria da figuração" da linguagem. Ele negava, em termos de sua lógica, que a estrutura de linguagem pudesse ser imperfeita. Qualquer coisa que pode ser dita, afirmava ele, pode-se dizer com clareza. "Sobre aquilo que não se pode falar, deve-se calar."

Embora inicialmente ele estivesse bastante satisfeito com o *Tractatus*, Wittgenstein mais tarde mudou de opinião. Depois de exilar-se voluntariamente por um período, ele voltou a Cambridge em 1929 e se pôs a revisar o que tinha escrito. Nos 22 anos seguintes – até sua morte – ele tentou esclarecer o que queria dizer e desfazer confusões, explicitando as limitações de seu trabalho anterior enquanto todos à sua volta ainda elogiavam seu livro.

Em *Investigações filosóficas* (1952), publicado após sua morte, Wittgenstein reverteu seu pensamento, dizendo que o significado não depende realmente da realidade, nem cabe à linguagem representar o mundo. As palavras somente ajudam a elucidar o sentido. Logo, o ato de indicar um cachorro com o dedo nos ajuda a entender o que significa o conceito "cachorro". Ao indicar muitos cachorros diferentes, o sentido torna-se um pouco mais claro, pois é quando podemos ver quais características são essenciais para que eles sejam cachorros (ser marrom, não é; ter quatro patas, geralmente é; e assim por diante).

Para ele a linguagem tem muitas funções, e as palavras podem ser usadas como ferramentas diferentes – não apenas para descrever coisas, mas para fazer perguntas, dar ordens, insultar pessoas e até para mentir. O significado de um vocábulo depende de como ele é usado no momento – de fato, as palavras são definidas pela maneira como são usadas. A noção que ele tem de "jogo de linguagem" consiste no seguinte: o sentido não está ligado à realidade, mas deve ser deduzido ou extraído do contexto em que uma palavra é usada. O comportamento dos usuários da linguagem tanto explica quanto define os significados das palavras.

Atos de fala

O inglês John Austin (1911-1960), filósofo da linguagem, tinha interesse, assim como Wittgenstein em suas *Investigações filosóficas*,

Surpreendentemente, Ludwig Wittgenstein (o segundo a partir da esquerda, na primeira fila) estudou na mesma escola primária que Adolf Hitler (primeiro à direita, na fila de trás).

em determinar de que modo a linguagem é usada para diferentes fins – para tipos diferentes de "atos de fala", como ele os chamava. Em *Como fazer coisas com as palavras* (1962), ele descreveu três tipos de atos de fala. No primeiro, as palavras têm sentido literal, dizendo algo sobre o mundo. Por exemplo, "o gato está no tapete" nos diz que há um gato e um tapete e mostra a relação entre eles (qual deles está em cima). A isto ele chamou de "ato locucionário". Às vezes, as palavras podem servir a outra função, como fazer uma pergunta, fazer uma promessa ou dar uma ordem – "Coloque o gato no tapete", por exemplo. A esta função ele chamou de "ato ilocucionário". Finalmente, algumas declarações envolvem ações. Dizer "Sim" em um casamento consuma a união; fechar um negócio na compra de uma casa o torna proprietário. Estes são "atos perlocucionários". Um ato de fala pode servir a mais de uma dessas funções de uma só vez. "O gato está no tapete!" pode significar "Tire o gato daquele tapete fino, imediatamente" sendo, portanto, uma instrução, um ato ilocucionário. Se alguém tira o gato, como resultado, o ato funcionou como perlocucionário. Entender esses atos, de acordo com Austin, muda a nossa ideia do sentido da linguagem. Os dois primeiros – atos locucionários e ilocucionários – dependem da convenção e do contexto para entendermos o que significam. Se não compartilhamos certas regras de linguagem com o falante, não entenderemos necessariamente o que ele quis dizer.

> *"A única verdade absoluta é que não há verdades absolutas."*
> Paul Feyerabend (1924–1994)

CAPÍTULO 5

Como devemos **VIVER?**

"Prejudicar alguém nunca é justo, em nenhum lugar."

Sócrates,
n'*A República*, de Platão

"Todas as criaturas racionais saem para o mar da vida com opinião formada sobre questões comuns do que é certo e errado."

John Stuart Mill,
Utilitarismo (1861)

"O fato de as ações serem obrigatórias e, ao mesmo tempo, inaplicáveis é o que as coloca no plano da Ética."

David Couzens Hoy
(2004)

A religião, muitas vezes, fornece um código moral pronto, imposto com base em recompensas (céu) e punições (inferno).

Édipo pune a si mesmo – "Mas ele é culpado?" Ele não pôde evitar matar seu pai e casar com sua mãe.

"Como viver uma vida virtuosa?" Esta é uma questão que foi tratada pela primeira vez por Sócrates, no século V a.C. e faz parte do ramo da Filosofia conhecido como Ética. Mas, por trás desta questão, existem questões maiores de como decidimos quais ações são morais ou éticas, se a moralidade é universal ou relativa e o quanto estamos livres para agir de maneira ética. A responsabilidade pela ação moral só é significativa se as pessoas podem escolher como se comportar – ter tanto o livre-arbítrio quanto o poder de definir suas ações em determinadas circunstâncias.

O livre-arbítrio e a predestinação

Há milhares de anos pergunta-se se os seres humanos têm liberdade de escolha ou se estamos trilhando um caminho estabelecido e do qual não podemos nos desviar. Se antigamente costumava-se pensar que os deuses e o destino determinavam nossa sorte, atualmente atribuímos esse papel à Física.

> **"FILOSOFÊS": DETERMINISMO**
>
> **Determinismo** é a crença de que tudo o que acontecerá no futuro já está desenhado (determinado) e não pode ser alterado por ações humanas.

O PARADOXO DA PREDESTINAÇÃO

A literatura diversas vezes usa o "paradoxo da predestinação". A estória de Édipo é um exemplo. O rei de Tebas, Laio, ouve a profecia que seu filho o matará e se casará com sua viúva. Esperando evitar esse final abominável, Laio deixa seu filho Édipo em uma montanha, com os pés presos, para que morra.

Mas o bebê é resgatado e criado por um pastor. Quando torna-se adulto, Édipo ouve a mesma profecia e sai de casa, para evitar matar o pastor que ele acredita ser seu pai. Não é fácil contornar o destino. Na estrada, Édipo encontra a caravana de Laio. Forma-se uma briga (claro – estamos na Grécia Antiga) e Édipo mata seu pai. Ele segue para Tebas e casa-se com a viúva do rei, tornando-se rei de Tebas. Quando descobre que matara seu pai e casara-se com sua mãe, Édipo cega a si mesmo.

Estórias e filmes de ficção científica costumam usar o paradoxo da predestinação na forma de uma volta no tempo. Um personagem viaja para o passado, a fim de evitar um acontecimento específico, e acaba causando o próprio acontecimento, de modo que a viagem no tempo torna-se uma parte necessária de sua própria história.

Os gregos e os romanos na Antiguidade dedicavam grande parte do tempo, esforço e dinheiro em viagens a oráculos, a fim de descobrir o que lhes aconteceria e como deveriam proceder. Estórias como a de Édipo – que não pôde evitar matar seu pai e se casar com sua mãe – ressaltam a impotência percebida pelos seres humanos em controlar seus destinos.

Os estoicos, como Crisipo de Solis, não achavam que nossas ações podiam ter um impacto no que acontecerá, pois tudo é predeterminado.

Aristóteles descreveu o problema como uma batalha em pleno mar. Poderia haver ou não uma batalha naval amanhã. Quando chega o amanhã, se a batalha acontece, podemos dizer que no dia anterior teria sido verdade afirmar que haveria uma batalha naval. Logo, parece que a batalha aconteceria inevitavelmente, e que o futuro é totalmente determinado por verdades passadas. Mas, embora Aristóteles acreditasse que a maioria das coisas tem suas causas, haveria espaço para alguns acidentes – para "novos inícios" – na sequência de eventos. Alguns deles dependem de nós, de coisas que fazemos, e portanto parece que temos algum controle sobre os acontecimentos.

Os estoicos adotaram uma linha mais rígida. Eles acreditavam na predeterminação de tudo o que acontece (e é para o bem). Mas eles permitiam liberdade de ação suficiente para considerar que valia a pena dizer às pessoas que elas deveriam organizar seus pensamentos de modo a aceitar a predeterminação. Se tudo era 100% determinado, uma pessoa que não fosse destinada a aceitar a posição estoica nunca poderia acomodar-se a ela.

Este último ponto ressalta um grande problema de uma doutrina de determinismo estrito: se os humanos não podem afetar o curso do destino não há razão para agir. O que será, será, independente do que fizermos. Logo, não há incentivo para se enfrentar nenhuma dificuldade. É uma doutrina que pode ser "encarada" como a aprovação do imprestável, uma licença para a indigência e a preguiça.

Obstáculos para a ação livre

Existem mais maneiras de negar o livre-arbítrio do que dizer que tudo é predeterminado. Há as restrições físicas: uma pessoa não pode agir livremente se está acorrentada ou aprisionada. Alguns acontecimentos seguem necessariamente outros por razões físicas – logo, se você derrubar um copo cheio de água, a água vai derramar (determinismo físico, ou causalidade). Para os humanos, existe uma compulsão psicológica ou *bullying* – tentar constranger a ação de outros por meio de ameaças ou coerção. E a doutrinação ou crenças estabelecidas também podem evitar que um indivíduo explore alternativas ou pense em seguir outro caminho.

Deus sabe o que está acontecendo

A crença em um Deus onisciente parece para alguns excluir o livre-arbítrio. Afinal, se Deus sabe o que vai acontecer, inclusive o que você fará amanhã, como você pode ter liberdade para agir como deseja? Mas, esse Deus tem um artifício: ele é atemporal, existindo fora do fluxo do tempo. Ele vê as coisas, mas isso não as faz acontecer, do mesmo modo que não é o fato de olharmos para o Sol que o faz nascer. Esse Deus observa o que acontece em um presente eterno. Isto se aproxima o suficiente do argumento apresentado pelo frade inglês Guilherme de Ockham (1288-1348): a necessidade e a possibilidade são definidas em relação a um ponto no tempo e a um conjunto de circunstâncias; logo, um evento que nos aparenta apenas possível pode parecer necessário para Deus.

O Hamlet, de Shakespeare, é um personagem paralisado pelo livre-arbítrio; incapaz de decidir o melhor curso para sua própria ação, ele não faz nada até que os acontecimentos o dominam.

> *"Vamos supor, do que nos foi dito, que tudo o que ocorre acontece por uma necessidade fatal, porque está previsto e conhecido de antemão; também explicaremos isto. Descobrimos dos profetas, e sustentamos como verdadeiro, que as punições, os castigos e as boas recompensas são concedidos de acordo com o mérito das ações de cada homem. Agora, se este não for o caso, mas tudo acontece por destino, então nada está em nosso poder. Pois, se for predeterminado que este homem será bom, e este outro homem será mau, nem o primeiro terá mérito nem o último deve ser culpado. E, de novo, se a raça humana não tem o poder de evitar o mal e optar pelo bem por livre escolha, não será responsável por suas ações."*
>
> Justino Mártir, ou São Justino (c. 100-165 d.C.)

NÃO IMPORTA SE VOCÊ FOR BOM, E SE FOR MAU, TAMBÉM NÃO IMPORTA

Pode parecer que não importa muito se Deus sabe ou não o que acontecerá até considerarmos a questão espinhosa da salvação. Muitos dos sacerdotes – os primeiros professores e pensadores cristãos – alegavam que Deus deu livre-arbítrio à humanidade. Juntamente com o livre-arbítrio vem a responsabilidade para escolher boas ações em vez de más ações, e a culpabilidade pela escolha errada. Sem liberdade, não podemos ser responsabilizados pelo que fizermos e, portanto, não poderemos ser punidos por comportamentos pecaminosos.

Este parece ser um bom acordo, mas a doutrina do pecado original o desencaminhou. Se nascemos com o pecado original, as chances já pesam contra nós. A chamada heresia de Pelágio (monge celta e asceta do século IV) trata desse problema. A humanidade, segundo a heresia de Pelágio, não foi contaminada pelo pecado original, pois Adão apenas deu um mau exemplo e não corrompeu todos os que o seguiram; e cada indivíduo é totalmente responsável por todos os seus pecados e por seguir os ensinamentos do Evangelho. Os pecadores são aqueles que optaram livremente pela depravação quando podiam ter escolhido ser virtuosos. Os virtuosos são recompensados por escolher a salvação.

Santo Agostinho, ao seguir a epístola de São Paulo, desconsiderou a heresia de Pelágio. Ele alegava que todos os humanos

João Calvino foi uma figura importante na Teologia da Reforma, e um dos proponentes originais do sistema, mais tarde, rotulado de Calvinismo.

Se Deus sabe se você será condenado ou salvo, por que se incomodar em viver uma vida virtuosa e abstêmia?

nascem com o pecado, e a redenção só é possível através da graça de Deus. Adão já condenou toda a humanidade à maldição. O arrependimento e uma vida virtuosa são os únicos caminhos possíveis para a salvação, mas, mesmo assim, ela não é garantida – ainda precisamos da intervenção divina para nos salvar. A mesma visão foi apoiada por Anselmo de Cantuária (1033-1109), Tomás de Aquino, o clérigo escocês John Duns Scotus (1266-1308) e o reformista protestante Martinho Lutero.

O teólogo francês João Calvino foi fortemente influenciado por Santo Agostinho, e sua doutrina da escolha enraizada na crença de que Deus já escolheu aqueles que serão salvos pela graça. Isso significa que não importa o quanto nos comportemos bem ou mal, nosso destino como escolhidos ou excluídos não pode ser mudado. Isto parece sugerir que não há incentivo para agir bem, mas aqueles que aceitavam a doutrina acreditavam que agir bem indicava que eles estavam entre os eleitos. Ávidos para encontrar um sinal em si mesmos, eles fugiam do pecado e da depravação. O contra-argumento óbvio, dado pelo humanista holandês Justus Velsius (c. 1510-1581), é que se Deus permitiu que algumas pessoas nasçam com pleno conhecimento de que serão encaminhadas para a condenação eterna, então Deus é um tirano.

NEUROLOGIA E LIVRE-ARBÍTRIO

Um experimento neurológico no *Max Planck Institute* na Alemanha, em 2008, mostrou que testes dos sinais do cérebro de pessoas indicavam que mão elas iriam usar em um experimento, sete segundos antes de elas terem consciência de que haviam tomado a decisão. Isto significa que os pesquisadores podiam prever a decisão que os sujeitos tomariam, e isso parecia colocar em dúvida se os humanos realmente têm liberdade de escolha ao tomarem suas decisões. Parece que o sentimento de terem tomado uma decisão podia ser uma consequência física de algo que na verdade não era um ato de livre-arbítrio.

Em uma visão mais liberal, Deus dá aos humanos a capacidade de escolher entre agir bem ou pecaminosamente e, depois, usa o seu veto para salvar os bons e deixar os maus irem para o inferno. Como somos todos, tecnicamente, condenados por causa do pecado original, Ele é misericordioso em salvar os bons, em vez de ser cruel por condenar os maus. Evidentemente, Ele escreveu as regras, mas condenar pessoas não nascidas por causa do pecado dos outros, incorrido tanto tempo atrás, não parece ser muito razoável.

DEUS NÃO ESTÁ VENDO

Para Espinoza tudo fazia parte do Uno. Tudo o que acontece é uma expressão necessária da natureza do Uno, o livre-arbítrio é removido efetivamente dos humanos. Segundo ele, contudo, vivemos como se fôssemos livres:

"(...) a experiência nos diz claramente que os homens acreditam ser livres simplesmente porque são conscientes de suas ações e inconscientes das causas pelas quais essas ações são determinadas; além disso,

Demócrito era conhecido como o filósofo risonho porque, segundo diziam, ele ria da loucura humana.

> **"FILOSOFÊS": ÉTICA NORMATIVA**
> A **Ética normativa** lida com as ações que são moralmente certas e erradas. Existem três eixos principais na Filosofia da Ética normativa:
> - A ética da virtude foca nas intenções morais do indivíduo ao agir.
> - A deontologia concentra-se nas regras relativas à ação.
> - O consequencialismo lida com as consequências de uma ação.

A teoria do caos afirma que qualquer mudança minúscula em um sistema fechado produz consequências surpreendentes. A despeito do nome, a cadeia de mudanças não é caótica, mas é muito difícil predizê-la.

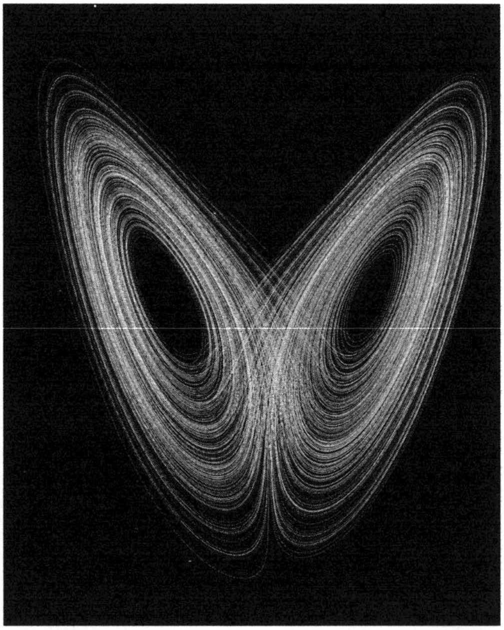

está claro que os ditados da mente são simplesmente outro nome para os apetites que variam de acordo com o estado variável do corpo".

O "Uno" oferecia uma migalha minúscula de liberdade, embora esta de nada valesse. Somos governados por nossas próprias emoções e apetites, e cerceados pelas limitações de nosso entendimento. Embora não possamos escapar da necessidade causal, Espinoza sugeriu que, se refletirmos e pudermos entender nosso lugar na grande cadeia causal, pelo menos poderemos nos livrar da ignorância.

Determinismo físico

Demócrito, filósofo da Grécia Antiga, acreditava que tudo acontecia por necessidade e era ditado pelo movimento previsível de átomos no vácuo. Mas, ele aceitava que alguns átomos faziam desvios imprevisíveis, criando almas humanas e liberdade.

De alguma forma, Demócrito antecipou a Física moderna. Ele considerava que toda matéria é composta de átomos ("completos", ou indivisíveis) e que as propriedades da matéria e o comportamento dos átomos significam que o progresso de tudo é previsível. A Física moderna sustenta que tudo pode ser previsto pelas leis físicas (embora não possamos predizer o futuro com exatidão, pois nosso entendimento das leis físicas é imperfeito). Isto significa que não temos livre-arbítrio se não acreditarmos que existe um espírito que nos anima, não físico, e não sujeito a essas leis. Quem aceita a visão de que a consciência é uma propriedade emergente da matéria é levado a concluir que não temos livre-arbítrio – embora tenhamos

> **A ESTÓRIA DE SIR GOWTHER**
>
> O romance medieval em versos *Sir Gowther* conta a estória de um homem que é filho de um demônio estuprador e de uma mulher mortal. Desde bebê, e também durante a infância, o mal inerente a Gowther se manifesta. Ele morde suas amas, empurra freiras por abismos e apresenta outros tipos de comportamento maligno. Ao crescer, alguém lhe diz que sua perversidade é resultado de seus pais – que ele só é mau porque é meio-demônio. Gowther fica frustrado com essa explicação e decide ser verdadeiramente perverso, rebelando-se contra a natureza. Ele passa a praticar bons atos.
>
> A pergunta é: "Esses atos de caridade e benevolência têm algum valor moral, já que ele os pratica pelo desejo de ser perverso e agir contra a natureza?" Para quem defende a ética da virtude, como Kant, eles *não são* morais. Para quem segue a ética deontológica, eles *são* morais, pois Gowther está seguindo as normas – não morder as pessoas, não empurrar freiras por abismos e assim por diante. E, para um consequencialista, eles também *são* morais, porque geram bons resultados; Gowther realiza boas ações que beneficiam as pessoas.

essa ilusão. Sem a ilusão do livre-arbítrio, ficaríamos congelados na inércia ou seríamos levados ao desespero e à angústia existencial.

Como viver bem?

Algumas pessoas (chamadas psicopatas) buscam benefícios apenas para si mesmas, independentemente do bem-estar ou do custo para os outros. Logo, "Como devemos viver?" O próprio termo "benefício" pode ser discutido. Para alguns, maximizar o prazer e minimizar a dor define o benefício. Para outros, o maior benefício é a salvação, que com frequência envolve renunciar ao prazer físico. E, ainda, para

Se não aceitamos o livre-arbítrio, como devemos tratar os criminosos? Se eles não podem ser responsabilizados por seu comportamento, podem ser punidos?

O PROBLEMA DA IGNORÂNCIA

O método de Sócrates ignora um ponto importante: com frequência as pessoas sabem o que é bom para elas e mesmo assim não o fazem, ou, ainda, fazem o que é ruim para elas. Existe uma tendência de buscar felicidade instantânea (o prazer de outra garrafa de vinho ou de mais uma fatia de bolo, ou a excitação de um caso extraconjugal, por exemplo) ao possível dano no longo prazo (bebedeira, obesidade, doença do fígado e do coração, divórcio). Sócrates diria que adúlteros que consomem vinho e comem bolo demais são ignorantes – eles não entenderam plenamente as implicações de suas ações. A fraqueza e o medo de assumir riscos influenciam nosso comportamento. O problema de as pessoas continuarem a fazer o que sabem que está errado, de fato, ocupou Sócrates e Platão, e nenhum deles chegou a uma resposta satisfatória.

Em *Confissões* (398 d.C.), santo Agostinho admitiu que roubava peras quando menino. Ele não precisava delas, e até tinha peras melhores em casa. Ele admitiu que as roubava exatamente porque sabia que não devia fazer isso – porque era atraído pelo pecado. Ele reconheceu que com frequência "sabia que isso era mau e, no entanto, ele fazia porque era inclinado a fazer isso". Santo Agostinho justificou isso dizendo que é a mancha do pecado original, que devemos combater.

Sócrates definiria um comportamento complacente autodestrutivo como ignorância.

alguns é a realização intelectual ou o sentimento de estar integrado a um espírito universal.

Sócrates e o início da Ética

Os filósofos pré-socráticos estavam mais preocupados com questões de "metaética", como a natureza da virtude, do que com a questão de como viver virtuosamente. Sócrates foi o primeiro a ter um interesse mais prático de como devemos viver, e o que poderia ser uma "vida boa" – as preocupações da *Ética normativa*. Ele tem sido chamado o primeiro filósofo da Ética, e seu pensamento teve uma influência duradoura e ampla na Filosofia da Ética ocidental. De fato, a doutrina da "ética da virtude" começou com Sócrates.

Sócrates acreditava que pessoas bem informadas vão agir bem, naturalmente – se elas souberem o que é o bem e o que é o mal, escolherão o bom curso de ação. Ele argumentou que o conhecimento e, em particular, o autoconhecimento são a raiz da moralidade e que todo crime e mal praticado resulta da ignorância. Como a virtude leva à felicidade, a pessoa sensata será moral e, portanto, será feliz.

Todos nós buscamos o que é melhor para nós e o que é de nosso interesse.

- Se sabemos o que é bom para nós, agiremos de acordo com isso e nos beneficiaremos.
- Se agimos de modo a nos prejudicar, estamos enganados sobre nossa ideia do que é bom, porque ninguém busca seu próprio mal.
- A virtude pode ser equiparada ao conhecimento, e a ignorância ao mal.

O debate de questões éticas empreendido por Sócrates muitas vezes o levou a conflitos com os mais velhos de Atenas, que o acusavam de corromper as mentes de jovens abastados, com ideias revolucionárias e não ortodoxas. Embora ele não tenha deixado nenhuma obra escrita, muitas de suas ideias foram registradas por seu discípulo Platão e apresentadas na forma como ele as teria vivido.

Lutando pela felicidade

Aristóteles seguiu Sócrates ao promover um tipo prático de Filosofia. Seu *Ética Nicomaquei* (também chamada de *Ética a Nicômaco*) é um dos trabalhos mais importantes sobre ética da História da Filosofia ocidental. Aristóteles analisou como as pessoas poderiam viver e como a sociedade deveria se organizar através de leis e estruturas políticas de modo a alcançar uma vida virtuosa. Ele idenficou cinco maneiras de como as pessoas procuram a felicidade:

- A busca escrava do prazer – é isso que muitas pessoas reconhecem como felicidade.
- Ganhar dinheiro – o que, em geral, é uma meta intermediária das pessoas que estão à procura de alguma outra coisa.
- Ter conhecimento da virtude, mas não tomar nenhuma iniciativa, sofrendo pacientemente os infortúnios.
- Através de uma vida política virtuosa.
- Através de uma vida contemplativa, característica de um filósofo.

Aristóteles acreditava que as duas primeiras são formas muito inferiores de felicidade e via pouca razão no conhecimento do que é virtude, quando ele não gera boas práticas. A verdadeira felicidade, segundo ele, é atingida quando se é uma pessoa "séria" – que pensa com clareza e age com honra, que

AUTORREALIZAÇÃO REVISITADA

Cerca de 2.300 anos depois de Aristóteles, a escritora e filósofa francesa Simone de Beauvoir (1908-1986) tentou formular um conjunto de ética existencial em *A Ética da ambiguidade* (1947). Ela ressaltava que os indivíduos devem primeiro reconhecer que estão livres para se tornarem algo diferente e que a existência bem-sucedida é, portanto, um processo de "tornar-se", marcado pela luta pela identidade desejada.

se engaja ativamente com amigos, família e com sua comunidade, e também persegue a virtude. É a disposição virtuosa que define uma pessoa como moralmente boa.

Para Aristóteles, levar uma vida virtuosa acompanhava a autorrealização – realizar o potencial, examinar a vida e viver plenamente. Isto está de acordo com sua abordagem teológica geral: tudo vale lutar para realizar seu propósito. Ele via virtude na moderação. Logo, a virtude da coragem, por exemplo, é o meio-termo entre a temeridade e a covardia. A sabedoria intelectual aproximava-se da virtude no modelo aristotélico, mas o que realmente a definia era a *sabedoria prática*.

O CÃO DENTRO DE UM BARRIL

Se Sócrates causou problemas para si mesmo, outro filósofo grego chamado Diógenes (400-325 a.C.) foi além. Segundo Platão, Diógenes "supersocratizou" Sócrates – foi "um Sócrates enlouquecido", como Platão o chamava. Contemporâneo de Aristóteles, parece que Diógenes era tão caristmático quanto enigmático. Nenhum trabalho seu foi conservado, e parece improvável que ele registrasse suas idéias por escrito.

Diógenes se distanciou das pretensões intelectuais de outros filósofos, adotando uma abordagem direta e extremamente ascética em relação à virtude. Ele acreditava que a felicidade era atingida vivendo-se "de acordo com a natureza" – satisfazendo as necessidades mais básicas do corpo das maneiras mais simples. Seus métodos de promover suas ideias eram o oposto da provocação intelectual de Sócrates. Entre outras proezas controversas, diz-se que Diógenes masturbava-se na frente de uma multidão para demonstrar como é fácil satisfazer o desejo sexual. Ele alegava que para se realizar, deve-se abrir mão de toda propriedade, todas as posses, todos os vínculos familiares e valores sociais, pois todos os laços emocionais e psicológicos são distrações e ilusões. Chamado de "cão" em reconhecimento a seu estilo de vida vadio, Diógenes praticou o que ele pregava, vivendo de esmola e vestindo-se com simplicidade.

Mas, apenas abrir mão de bens materiais e vínculos pessoais não bastava. Os seguidores leais de Diógenes deviam criticar a sociedade para ajudar a livrar os outros de suas algemas, e deviam evitar deliberadamente se exporem ao ridículo e ao abuso para ganharem experiência em distanciamento emocional. O domínio de si, ou "autossuficiência" levaria, segundo Diógenes, à felicidade e à liberdade.

> *"A busca do prazer é uma vida que só é cabível para as bestas."*
>
> Aristóteles, *Ética a Nicômaco*

DIÓGENES DE SÍNOPE (C. 404-325 a.C.)

Relatos sobre a vida de Diógenes não são tão confiáveis, embora sejam divertidos. Ele nasceu na colônia grega de Sínope, na costa do mar Morto e trabalhou com seu pai, Hicesias, um banqueiro. Ele foi exilado, depois de se envolver em um escândalo relacionado a falsificação de moeda, e mudou-se para Atenas. Diz a lenda que ele importunou o filósofo Antístenes, discípulo de Sócrates, para ser seu tutor, mas não há evidências reais de que os dois tenham se conhecido. Diógenes abriu mão de suas posses e vivia em um barril de pedra no mercado, ganhando dinheiro como pedinte. Diz um relato que, depois de ver uma criança tomar água com as mãos em concha ele quebrou sua moringa ao meio por perceber que ter uma moringa era um luxo que ele podia dispensar. Quando Platão citou a definição dada por Sócrates de que o homem era um "bípede implume", conta-se que Diógenes respondeu levando uma galinha depenada para a Academia e apresentou-a como um homem. Platão então revisou sua definição para incluir "com unhas achatadas e largas".

Segundo a lenda, quando Diógenes estava em Corinto, ele testemunhou o retorno triunfal de Alexandre, o Grande. Intrigado com o fato de que Diógenes o ignorava, Alexandre foi ver o filósofo e o encontrou deitado ao Sol. Quando Alexandre perguntou se ele queria alguma coisa, Diógenes respondeu: "Sim – dê um passo para o lado para não tapar meu Sol."

E SE TODO MUNDO FIZESSE ISSO?

Vários críticos fizeram a condenação de que o estilo de vida de Diógenes é autocomplacente, uma observação que pode se aplicar a todos os ascetas que dependem da generosidade dos outros para sua sobrevivência. Claramente, como posição filosófica ela não pode se estender tanto. Se muitas pessoas seguissem o exemplo de Diógenes, haveria pessoas produtivas para suportar a carga de nômades ascéticos, e aqueles que moravam em barris, e a sociedade entraria em colapso. Isso tornaria quase impossível para qualquer pessoa, inclusive Diógenes, concentrar-se no domínio do eu. A Filosofia de Diógenes é, em sua essência, elitista – já que não pode ser seguida por todos, nem mesmo por muitos.

Diógenes inspirou um grupo inconstante de seguidores chamados cínicos e, por volta de I d.C., o cinismo reapareceu em Roma. O nome não tinha as conotações que a palavra "cínico" tem agora, mas remetia ao comportamento de um *cão* (*kynos*, em grego), epônimo de Diógenes. Porém, existem boas razões para a popularidade do cinismo. Tanto na Grécia quanto em Roma, o cinismo coincidiu com períodos de dificuldade econômica e turbulência social. A ideia de que aquilo que realmente tem valor é o domínio do *self*, do qual não se pode abrir mão em situações desastrosas, era atraente quando bens materiais, estabilidade social e família estavam ameaçados.

Platão, Sêneca e Aristóteles estavam entre as autoridades clássicas que foram acomodados à Filosofia cristã medieval.

Suportando as coisas

O estoicismo marcou uma maneira parecida, mas menos extrema, de renunciar a preocupações temporais. Começando por Zenão de Cítio (c. 334-262 a.C.) e continuando até a época do filósofo romano Sêneca (4-65 d.C.) e do filósofo grego Epíteto (55-135 d.C.), o estoicismo defendia o desdém material e o descomprometimento em relação aos males e problemas temporais, afirmando que as emoções negativas (como sofrimento, inveja e ódio) são o resultado de erros de julgamento. O caminho para a felicidade, aberto aos sábios, se dá através da perfeição moral e intelectual. O objetivo da humanidade é viver de acordo com a natureza, o que significa viver pela razão, pois somos todos parte de uma única substância racional, universal. Os estoicos não procuravam negar nem evitar as emoções, mas canalizá-las ou transformá-las, a fim de produzirem um pensamento claro e tranquilo através da autodisciplina e da razão.

Sêneca tinha uma tendência mais pragmática que muitos outros filósofos estoicos. Ele defendia uma vida simples dedicada à virtude e à razão, e insistia que o único bem é a virtude. Sêneca costumava ensinar que fazer a coisa certa é de importância fundamental – nada mais importa, realmente. Ele acreditava que cada um tem um deus interno que nos orienta a seguir a trajetória estabelecida para nós pela providência e que a única forma de atingir a felicidade é seguir esse guia interior, agindo de acordo com nossa verdadeira natureza e nos contentando com nosso destino. O altruísmo e a vida simples eram essenciais para a ideia de moralidade de Sêneca.

O filósofo romano Boécio (c. 480-525) consolava-se lendo os escritos de Sêneca enquanto esteve na prisão. Seu livro *A Consolação da Filosofia* coincide em diversos aspectos com Sêneca e os estoicos, promovendo o descomprometimento ou o distanciamento das vicissitudes da sorte e um foco na razão e na virtude. Boécio, um filósofo

A Consolação da Filosofia, *de Boécio, foi escrita enquanto ele estava na prisão em 524 d.C. e é a ponte filosófica entre o mundo antigo e a Idade Média. Aqui, a Filosofia instrui Boécio sobre o papel de Deus.*

cristão, escreveu seu texto baseado no platonismo que concordava com o cristianismo, mas não mencionava o deus cristão. *A Consolação da Filosofia* era como uma ponte entre Sêneca e Tomás de Aquino, sendo Boécio tanto o último filósofo romano quanto o primeiro escolástico.

TUDO PELO PRAZER

Se Diógenes foi ao extremo no modo como desprezou os prazeres mundanos, Epicuro seguiu outra direção. Ele não estava realmente interessado em especulações metafísicas obscuras, mas em uma Filosofia prática da vida. Procurava ensinar a busca da felicidade, que, para ele, era alcançada evitando-se tanto a dor física quanto a mental. Dos dois tipos, ele considerava a dor mental a pior. A dor física é temporária e pode ser controlada, ou resulta em morte, ponto em que isto não importa mais. (Ele não acreditava na persistência da alma após a morte.) O incômodo mental do medo ou da ansiedade, no entanto, pode continuar sem ser atenuado, tornando-se uma doença psicológica.

Embora Epicuro ensinasse a perseguir o prazer, ele não era um hedonista no sentido vulgar do termo. Ele percebia que a complacência excessiva podia levar a conse-

DEMAIS, NOVO DEMAIS

Para entender o verdadeiro hedonismo, precisamos olhar para Aristipo de Cirene (c. 435-356 a.C.), voluntarioso discípulo de Sócrates. Os cirenaicos defendiam satisfazer todo prazer, sempre que tivessem oportunidade. Eles não mostravam preocupação com o futuro e acreditavam que o prazer era o único bem.

quências dolorosas e por isso incentivava o comedimento. Ele não tinha boa saúde e não era rico; acusá-lo de promover a luxúria e a promiscuidade, como fazia o filósofo estoico Epíteto, seria injusto. Epicuro ensinava que a sabedoria era a maior virtude, pois permite que uma pessoa possa discernir entre os prazeres que deveriam ser buscados e aqueles que deveriam ser evitados. Ele acreditava que ninguém poderia ser realmente feliz se não fosse virtuoso, pois a virtude traz consequências prazerosas, além da ausência de dor e de medo.

Ética e cristianismo

Embora *A consolação da Filosofia*, de Boécio, não seja explicitamente uma obra cristã, ela foi imensamente popular e influente durante a Idade Média. Plenamente familiarizado com Platão, Aristóteles e seus outros predecessores, Boécio trata de muitos assuntos em sua *Consolação*, incluindo as questões do livre-arbítrio, da predestinação, da existência do mal e de como levar uma vida virtuosa. O livro adota a forma de debate, protagonizado por Boécio em sua cela e Madame Filosofia, que responde a suas perguntas capciosas.

Durante a Idade Média, os filósofos cristãos tiveram menos espaço para manobras do que seus predecessores clássicos porque a Bíblia prescrevia e limitava o que se podia saber sobre a virtude e como as pessoas deveriam viver. São Tomás de Aquino incorporou a ética aristotélica ao modelo cristão. Ele aceitava a visão teológica de Aristóteles de que um ato é julgado bom ou mau de acordo com outros fins para a realização do sujeito. Ao mesmo tempo, ele teve de aceitar que a realização máxima, para um cristão, é a salvação e isso não pode ser atingido pelo indivíduo – seria preciso ter a graça de Deus para aperfeiçoar nossa natureza.

Ser é ser bom

Trabalhando a partir de Agostinho e Aristóteles, Tomás de Aquino afirmou que

Aristipo de Cirene teria vivido contente na cultura de hoje de bebedeira e festas.

tudo o que existe deve compartilhar de certa bondade:

- Existem dois tipos de substância: a corruptível e a incorruptível. As substâncias incorruptíveis são superiores às corruptíveis.
- Uma substância incorruptível, por definição, não tem sua bondade removida; portanto, não precisamos pensar nela.
- Uma substância corruptível pode ter parte de sua bondade removida, pois é dessa forma que ela é corrompida.
- Se uma substância corruptível não tivesse bondade nenhuma, esta não poderia ser removida. Portanto, todas as substâncias corruptíveis têm certa bondade.
- Se uma substância não tivesse bondade, esta não poderia ser removida, logo, a substância seria incorruptível.
- Se uma substância incorruptível não pode ter bondade, então, uma coisa poderia se tornar melhor perdendo toda a sua bondade e tornando-se incorruptível.
- Isto significaria que uma coisa pode se aprimorar tornando-se pior, o que claramente não tem sentido. Logo, deve estar evidente que não existe nada que não tenha bondade e, portanto, existe certa bondade em tudo o que existe.

Mas o ser e a bondade não são a mesma coisa. As coisas podem ser mais ou menos boas (o que é um termo relativo), mas: ou elas existem ou não (o que é um termo absoluto). Para tratar desse problema, Tomás de Aquino chegou a um tipo de ser que ele chamou de "ser relativo". Uma coisa "é" mais ou menos por estar mais próxima da essência perfeita do que deve ser. Por exemplo, um filhote de pássaro é menos pássaro do que um pássaro com penas crescidas, pois ele não consegue fazer todas as coisas associadas ao crescimento de suas penas como voar, por ovos, fazer ninhos, cuidar de sua cria e assim por diante. Um pássaro adulto é, portanto, um pássaro "melhor" do que um filhote. Da mesma forma, uma pessoa é melhor se agir com moralidade, dignidade, compaixão e reflexão, do que se for egoísta, imoral e agir sem considerar o que está fazendo e o impacto que isso terá.

O mesmo para todos ou diferente para cada um?

Um código moral como o do cristianismo não deixa muito espaço para os indivíduos formarem seu próprio modelo moral. Durante aproximadamente mil anos depois de Boécio, os filósofos cristãos tratavam pouco da Ética. Mas no século XVI, quando o humanista Michel de Montaigne escrevia, a Igreja perdeu seu monopólio.

Montaigne foi o primeiro filósofo a promover o relativismo cultural, aceitando que comportamentos e valores diferentes são proclamados em culturas diferentes. Não há razão para supor que a maneira como uma cultura faz as coisas é melhor que a de outra, ou mesmo que os homens são naturalmente superiores aos demais animais. Na época, esse foi um um pensamento revolucionário; a crença geral de que a cultura cristã europeia era a maneira "certa" foi a desculpa para dizimar, subjugar e doutrinar populações indígenas da América do Sul e do Norte,

> *"As leis da consciência, que dizemos nascer da natureza, nascem do costume. Cada homem admira as opiniões e comportamentos aprovados e aceitos ao seu redor."*
> Michel de Montaigne, *Sobre o costume*

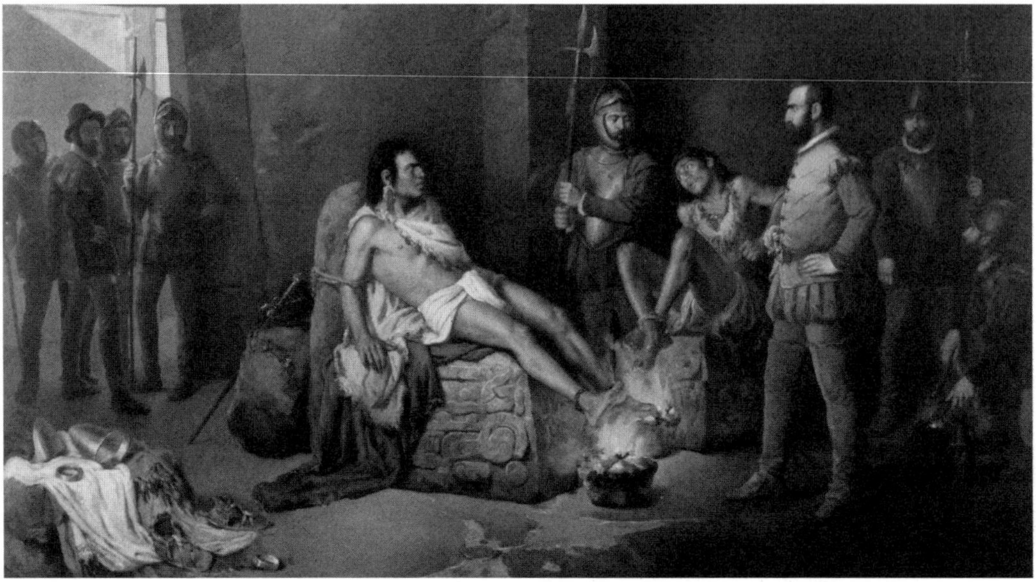

Cuauhtémoc, o último líder dos Astecas, foi derrotado pelos espanhóis em 1521 e torturado por eles na tentativa de fazê-lo revelar o paradeiro do ouro que acreditavam estar em sua posse. As atrocidades dos espanhóis nas Américas foram muito além da crueldade rotineira das guerras na Europa.

pois estas eram consideradas "selvagens". Evidentemente, aqueles que criticaram as práticas "bárbaras" dos "selvagens" muitas vezes ficavam satisfeitos em endossar ou em fechar os olhos para a tortura judicial na Europa ("quanto mais as coisas mudam, menos elas mudam..." – poderíamos pensar).

Mesmo assim, Montaigne não acreditava que todos os costumes fossem igualmente aceitáveis, e nem aceitava que todos os indivíduos estivessem igualmente presos a suas próprias normas culturais. Ele insistia que todo indivíduo examinasse o que se espera em seu contexto social e tomasse a decisão de aceitar ou não os valores prevalentes, com base em interesses universais e inerentes concedidos por Deus. Para Montaigne não é necessário haver um código universal, pois podemos examinar as diferentes maneiras de fazer as coisas e fazer nosso próprio julgamento sobre o que é melhor e mais apropriado em cada contexto. Os homens só precisariam permanecer em constante diálogo e reflexão para fazermos as escolhas certas.

Montaigne aceitava a existência de alguns padrões universais, como

"FILOSOFÊS": RELATIVISMO CULTURAL

O **relativismo cultural** é a crença de que os valores e os códigos morais ou legais são variáveis de acordo com o contexto cultural. O que é aceitável em uma cultura não é em outra, e isto gera consequências. Nos países muçulmanos, por exemplo, algumas formas ocidentais de se vestir são consideradas imorais.

A crença de Montaigne de que os humanos não são naturalmente superiores a todas as outras espécies é compartilhada por ativistas que lutam pelos direitos dos animais.

"razão" e "natureza", que eram definidos por Deus. Estes podem nos ajudar a fazer nosso julgamento. A Filosofia de Montaigne teve grande influência em Pascal e Descartes. Descartes, em particular, foi fortemente influenciado pela ênfase de Montaigne na autoeducação e em acumular experiência para fundamentar a reflexão filosófica.

Essa abordagem, que delega responsabilidade ao indivíduo, é a marca do humanismo. Este não prega a indulgência nem o ascetismo como via para a autodescoberta e a virtude, mas enfatiza o próprio poder do indivíduo e sua responsabilidade para encontrar um caminho para uma vida melhor.

Kant adotou praticamente a visão oposta, apresentando a moralidade como um modelo objetivo que deve ser atingido pela "pura razão prática". Em vez de cada pessoa avaliar as circunstâncias e o costume e se referir a seu próprio controle moral, ele acreditava que o certo e o errado são absolutos e não podem ser determinados empiricamente, referindo-se à experiência.

Em *Crítica da razão prática*, Kant explicou o que chamou de "imperativo categórico". Este é um tipo de lei moral universal que ele formulou várias vezes. *Grosso modo*, requer questionar aquele plano não realizado, de Diógenes, para uma vida moral e o usar como padrão pelo qual poderemos medir qualquer comportamento – "E se todos fizessem isso?" Nas palavras de Kant, "aja segundo a máxima tal que possas ao mesmo tempo querer que sua ação se torne lei universal". Se cada ação fosse ampliada a uma lei moral universal (ou seja, algo que todos seguissem), ela funcionaria? Se todos evitassem pagar os impostos, o país quebraria; portanto, evitar pagar os impostos não é aceitável. Isto remove a questão de um dilema puramente formal e o torna mais racional. Fornece um controle moral que mesmo

> *"Aja apenas de acordo com aquela máxima pela qual você pode, ao mesmo tempo, desejar que ela se torne uma lei universal."*
> *"Aja de forma a tratar a humanidade, seja em sua própria pessoa ou na pessoa de quaquer outro, nunca meramente como um meio para um fim, mas sempre simultaneamente como um meio e um fim."*
>
> Immanuel Kant, *Fundamentação da metafísica dos costumes* (1785)

alguém que não tenha empatia nenhuma pode usar. Mas então, uma escolha é moral se não for feita por razões morais? Quando um ato moral para de ser moral e se torna pragmático?

Kant não teve isso em mente. Para ele, um ato só poderia ser moral se fosse executado a partir do âmbito do dever moral ou do respeito à lei moral: "O conceito de um valor que vai de encontro ao meu amor próprio." Na segunda formulação de Kant sobre o imperativo categórico, ele disse que devemos sempre tratar a humanidade como um fim e também como um meio. Isto significa que nenhuma pessoa pode ser simplesmente usada – de modo que ninguém tenha um escravo para fazer o trabalho duro, nem envie tropas para serem massacradas em um lugar, apenas para desviar o inimigo de outro local.

Para Kant, não são as consequências de um ato que o tornam moral, mas a intenção por trás do ato. Não devemos deduzir a boa vontade do resultado de um ato. Uma pessoa poderia agir com más intenções e suas ações terem consequências benéficas. Da mesma forma, uma pessoa poderia agir com benevolência, mas suas ações terem más consequências, imprevistas.

O "bem" mais elevado, para Kant, deve ser o "bem em si mesmo" (bem intrínseco) e o "bem sem qualificação" – não deve nunca tornar uma situação pior, do ponto de vista moral. O único bem que ele pensou que se encaixava a esses critérios era a "boa vontade": um ato deve ser realizado com boa vontade a fim de ser genuinamente moral, e isto significa agir por respeito à lei moral.

No conto de fadas vitoriano Os bebês d'água, *a senhora Façacomofariamcomvocê é a corporificação do imperativo categórico de Kant.*

Por exigir que as pessoas sigam regras, a moralidade de Kant é deontológica. No entanto, ela inclui um aspecto de Ética da virtude, uma vez que a intenção virtuosa também deve estar presente.

Diferentes versões da teoria do dever moral de Kant foram e são amplamente sustentadas e defendidas por filósofos até os dias atuais. Por sua insistência inabalável em nunca usar uma pessoa "meramente como meio

"FILOSOFÊS": ÉTICA DEONTOLÓGICA

Um modelo moral baseado no dever é deontológico (de *deon*, dever).

> **KANT E A REGRA DE OURO**
>
> A prescrição de Kant para que uma pessoa aja de modo que sua ação possa ser universalizada parece se aproximar da Regra de Ouro, ou a regra da reciprocidade, que é encontrada na maioria das culturas e religiões no mundo todo. Uma afirmação geral dela é:
>
> Trate os outros como você gostaria que o tratassem.
>
> Também existe uma forma negativa:
>
> Não trate os outros como você não gostaria de ser tratado.
>
> Kant afirmou que seu imperativo categórico era diferente por não ser nem subjetivo nem hipotético – mas absoluto. É irrelevante como um indivíduo foi tratado ou poderia desejar ser tratado; o que interessa é se a posição pode ser estendida a todos, sem envolver qualquer contradição. (Por exemplo, se todos mentem, existe uma contradição porque, então, "mentir" e "dizer a verdade" perdem o sentido.)

para um fim", o modelo de Kant é difícil de implementar. Alguns filósofos modernistas tentaram abrandá-lo para torná-lo mais viável. Frances Kamm, professor catedrático de Filosofia de Harvard, aprovou o "princípio do dano permissível", em que o prejuízo a um pequeno número de pessoas pode ser compensado com o benefício a um grande número de pessoas, sob certas circunstâncias. Assim, embora seja errado tanto no modelo de Kamm quanto de Kant, matar alguém para tirar seus órgãos e salvar quatro outras vidas, seria permissível no modelo de Kamm se a vítima fosse um pistoleiro a ponto de atirar em algumas pessoas, com o intuito de salvar a vida delas.

Kant posicionou-se contra a crueldade com animais porque os homens têm o dever de cultivar a compaixão. A brutalidade com os outros, sejam humanos ou animais, elimina a compaixão e viola esse dever.

Para o bem maior: os túmulos da família Riley, na encosta acima de Eyam, Derbyshire, Reino Unido; a vila ficou famosa por se fechar na tentativa de conter o alastramento da Grande Peste (ou Peste Negra) em 1665-1666.

> *"A natureza colocou a humanidade sob o governo de dois mestres soberanos, a dor e o prazer (...) Eles nos governam em tudo o que fazemos, em tudo o que dizemos, em tudo o que pensamos: todo o esforço que podemos fazer para nos livrar de nossa sujeição servirá para demonstrar e confirmar isso. Em outras palavras, um homem pode fingir renunciar a seu império, mas na realidade ele permanecerá sempre sujeito a ele."*
>
> Jeremy Bentham, *Uma introdução aos princípios da moral e da legislação* (1789)

Ética utilitarista

Não existe nada de pessoal nem de sentimental na abordagem de Kant à Ética, mas, pelo menos, ele tirou esse tema da religião. Dissociar a ética da religião cristã permitiu uma mudança de foco. Em vez de agir moralmente a fim de assegurar a salvação

> *"A maior felicidade da maioria é a medida do certo e do errado."*
> Jeremy Bentham,
> *Fragmento Sobre o Governo* (1776)

(ou provar o *status* de um escolhido dos céus), agir moralmente se tornou parte de uma responsabilidade social mais ampla.

O reformista social inglês Jeremy Bentham (1748-1832) é mais conhecido hoje como um filósofo político, mas suas ideias sobre política estão interligadas às suas ideias sobre ética. Nascido em Londres, Bentham foi um filho prodígio que começou a aprender latim aos três anos e foi para o Queen's College, Oxford, aos doze anos. Estudou Direito e foi chamado para atuar na corte, mas nunca assumiu a função – a linguagem excessivamente complexa e princípios conflitantes do Direito o afastaram da profissão. Em vez disso, ele iniciou uma investigação filosófica sobre a base do Direito, da Moral e da Política. Como Epicuro, Bentham acreditava que as pessoas são impulsionadas para o que desejam (prazer ou felicidade) e afastam-se do que temem (dor). Ao aplicar esse princípio à sociedade, ele desenvolveu e popularizou um sistema conhecido como "utilitarismo". Ele esperava compor um código jurídico completo baseado nos princípios utilitaristas, ao qual chamou de "Pannomion".

A regra moral simples que surge das conclusões de Bentham é que devemos fazer o que irá maximizar o prazer e minimizar a dor. O plano de Bentham, no entanto, era quantitativo: o que gerar mais prazer no total é o melhor caminho para a ação, ainda que isso possa envolver acarretar dor a algumas poucas pessoas. Bentham não se esquivou de quantificar a dor e o prazer, até mesmo desenvolvendo um "cálculo hedonista", um algoritmo para calcular a dor e o prazer líquidos gerados por uma ação ou regra.

Jeremy Bentham foi uma criança prodígio que estabeleceu o princípio do utilitarismo.

> *"Pode chegar o dia em que o resto da criação animal poderá adquirir aqueles direitos que nunca lhes poderiam ter sido negados senão pelas mãos da tirania. Os franceses já descobriram que a cor da pele negra não é razão para um ser humano ser abandonado, a não ser o capricho de um algoz. Pode chegar o dia em que se reconhecerá que o número de pernas,a vilosidade [excesso de pelos] da pele, ou a terminação do sacro [o final da espinha] são razões iguamente insuficientes para se abandonar um ser sensível ao mesmo destino (...) A questão não é 'Eles podem* raciocinar?' *nem, 'Eles podem* falar?' *mas, 'Eles podem* sofrer?'"
>
> Jeremy Bentham, *Uma introdução aos princípios da moral e da legislação* (1789)

Embora fosse o primeiro a formular o utilitarismo em um modelo ético e político completo, Bentham não foi o primeiro a expressar a ideia de que a moralidade de uma ação pode ser medida pelo prazer ou dor que ela causa às pessoas. O filósofo Francis Hutcheson escreveu em *Uma investigação sobre a gênese de nossas ideias de beleza e virtude* (1725) que "a melhor ação é aquela que traz a maior felicidade para o maior número de pessoas; e a pior, aquela que, de modo semelhante, causa o sofrimento". Ele também propôs algoritmos "para calcular a Moralidade de qualquer Ação". Seu contemporâneo John Gay levou a ideia adiante em 1731, alegando que é da vontade de Deus que as pessoas sejam felizes e por isso somos obrigados pela religião a perseguir o caminho que proporcionará o máximo prazer para o maior número de pessoas.

O prazer do grande número de espectadores supera o sofrimento da vítima agonizante, tornando os jogos romanos, teoricamente, aceitáveis dentro de um modelo rigidamente utilitarista. Bentham evitou tirar tais conclusões.

MORREU, MAS NÃO SE FOI

Como Bentham solicitou, seu corpo foi dissecado como parte de uma aula pública de anatomia e seu esqueleto foi transformado em um "autoícone" empalhado e vestido com suas roupas. A mumificação ruim de sua cabeça produziu um resultado macabro e uma efígie de cera de sua cabeça, adornada com seu próprio cabelo, foi usada no lugar. O autoícone normalmente se encontra no Claustro Sul do principal edifício da University College London, mas, vez ou outra, é levado a reuniões do College Council, registrado como "presente mas não votante". A cabeça mumificada, originalmente exibida na mesma caixa que o autoícone, agora está guardada em local seguro.

Levado a extremos, o utilitarismo pode permitir que a vida de uma pessoa seja sacrificada para trazer prazer a muitos, embora isto seja algo que Bentham se posicione contra, admitindo que o sistema legal deve protejer indivíduos contra tal abuso. A lei, disse ele, "fornece a estrutura básica de interação social delimitando esferas de inviolabilidade pessoal dentro da qual os indivíduos podem formar e buscar suas próprias concepções de bem-estar". É um problema que o utilitarismo ainda não resolveu.

Um dos alunos de Bentham, John Stuart Mill (1806-1873), desenvolveu ainda mais o utilitarismo, tanto na ética quanto na política. Ele dividiu os prazeres nas categorias superior e inferior. Seria até desnecessário dizer que os prazeres superiores são intelectuais, sofisticados e culturais, enquanto os prazeres inferiores são carnais e físicos.

Ao avaliar quais os prazeres encaixam-se nessas categorias, e quantas pessoas desejam um ou outro, Mill precisou recorrer à opinião coletiva. "A única evidência possível para demostrar que algo é desejável, é confirmar que as pessoas realmente desejam isso". Isto torna Mill aberto a várias críticas, inclusive à "falácia do equívoco" – dizer que algo é desejável (as pessoas desejam isso) significa que é desejável em outro sentido (deva ser desejado). É bom que ele não esteja vivo agora, ou Mill se acharia rapidamente na posição indefensável de considerar o *Fator X* bem moral.

Em 1977, o economista John Harsanyi (1920-2000) conseguiu contornar essa questão dizendo que as escolhas que devemos levar em conta são aquelas feitas quando as pessoas têm pleno domínio sobre todos os fatos e, portanto, quando é mais provável que elas sejam racionais, e não sujeitas a estados emocionais extremos. Ele também excluiu do projeto coletivo aqueles que tivessem ideias antissociais sobre o que é prazeroso (como os sádicos).

> *"É melhor ser um homem insatisfeito do que um porco satisfeito; melhor ser Sócrates insatisfeito do que um tolo satisfeito. E se o idiota, ou o porco, têm opiniões diferentes, é porque eles só conhecem seu próprio lado da questão."*
>
> John Stuart Mill, *O utilitarismo* (1861)

Como escolhemos?

Tudo bem com a moralidade baseada na opinião da maioria, mas é bom ter noção de como os resultados têm sido obtidos. O filósofo e economista inglês Henry Sidgwick (1838-1900) visou a explorar os métodos do raciocínio moral no dia a dia: como se chega a decisões sobre comportamento moral, e se pode existir base racional para tomar-se tais decisões. O livro dele *The methods of ethics*

Crianças pequenas têm uma conduta naturalmente egoísta que pode fazê-las parecer egoístas, mas a capacidade de imaginar os sentimentos de alguém só vem com o desenvolvimento da "teoria da mente". Então, o altruísmo torna-se possível.

(1874) foi um dos clássicos da Filosofia Moral.

Sidgwick considerou um "método de ética" para "qualquer procedimento racional pelo qual determinamos o que os seres humanos 'devem' fazer – ou o que é 'certo' que eles façam – ou procuram realizar, por ações voluntárias". Evidentemente, as pessoas seguem princípios diferentes quando decidem o que fazer, mas, observou Sidgwick, seus "métodos" podem ser agrupados de acordo com três abordagens básicas: *egoísmo*, *utilitarismo* e *intuicionismo*.

O *egoísmo*, ou hedonismo egocêntrico, considera uma ação como mais ou menos moral, dependendo do quanto a pessoa fica feliz por praticá-la: "O agente racional considera importante o grau de prazer e dor que sentirá, ao escolher entre ações alternativas; e procura obter o máximo de prazer, comparado à dor."

O *utilitarismo*, ou o hedonismo universalista, avalia a moralidade de uma ação de acordo com seu efeito para a felicidade de todos: "A conduta que (...) é objetivamente correta, é aquela que irá produzir o maior grau de felicidade como um todo (...) levando em conta todos aqueles cuja felicidade é afetada pela conduta."

O *intuicionismo* ignora totalmente o conceito de felicidade, e sustenta que devemos simplesmente nos conformar a "certas regras ou imposições do dever". Baseia-se no pressuposto de que podemos ver instintivamente quais são as ações corretas em si mesmas, independentemente de suas consequências: "Os julgamentos morais que os homens passam habitualmente uns para os outros através do discurso comum implicam (...) que, em geral, não é difícil para um homem comum saber de seus deveres, embora vários impulsos sedutores possam dificultar o cumprimento deles."

Ao examinar a relação entre o intuicionismo e a "moralidade de senso comum", o guia ético que orienta o comportamento diário das pessoas, ele descobriu que a moralidade de senso comum é, em certa medida, "inconscientemente utilitarista". O utilitarismo baseia-se em princípios morais intuitivos. Ele concluiu que, o intuicionismo e o utilitarismo podem ser integrados em um único sistema ético: "Princípios morais tão abstratos que posso admitir como autoevidentes (...) parecem ser neces-

Henry Sidgwick descobriu impulsos éticos conflitantes, ambos baseados no senso comum.

sários para fornecer uma base racional a [um] sistema [utilitarista]."

Embora Sidgwick reconciliasse os dois métodos, o egoísmo permaneceu de fora. O egoísmo também parece refletir a razão e o senso comum – mas é o oposto do utilitarismo, que pode exigir que uma pessoa sacrifique sua própria alegria, ou mesmo sua própria vida, para a maior felicidade da coletividade.

Sidgwick reconheceu que algumas pessoas estão tão preocupadas com o prazer ou com a dor da humanindade quanto o estão com o seu e de seus próximos e queridos. Restaram, então, dois princípios conflitantes, o utilitarismo e o egoísmo, que são irreconciliáveis mas se baseiam tanto no senso comum quanto no raciocínio válido. Quando a razão utilitarista nos faz duras exigências, a razão interessada no *self* pode nos levar ao objeto. Sidgwick admitiu que o conflito permanece insolúvel se não envolver Deus e certa noção de recompensa divina e punição, mas ele não estava disposto a fazer isso.

Ele acabou a primeira edição de seu livro com uma nota desesperadora:

"O Cosmos do Dever é (...) reduzido a um Caos; e o esforço prolongado do intelecto humano para estruturar um ideal perfeito de conduta racional é considerado algo fadado ao fracasso inevitável."

Recomeçando

Friedrich Nietzsche via um fracasso semelhante nos códigos morais que evoluíram até então. A resposta dele ao problema foi abandonar todas as estruturas morais existentes e recomeçar do zero. Segundo ele, a força propulsora fundamental do indivíduo está na necessidade de dominar e controlar forças externas e de assumir o destino pessoal; no entanto, para muitas pessoas as circunstâncias de vida as impedem de fazer isso. Os códigos morais que evoluíram são a causa disso ao tentarem acomodar nossa incapacidade de assumir o controle e de sermos autodeterminados, ou mesmo evitar reconhecer isso. Eles existem para limitar e controlar a vontade ambiciosa do indivíduo.

Para Nietzsche, os escravos e outros trabalhadores explorados são atraídos por religiões em que o seu sofrimento é considerado uma insígnia de virtude e um passaporte para a salvação

A Alemanha nazista apropriou-se da filosofia de Nietzsche, que via a extinção do cristianismo e o surgimento do poder individual como coisas boas.

Nietzsche estudou modelos morais predominantes da Europa, sejam clássicos ou cristãos, para o comportamento de senhores e escravos, ou senhores e oprimidos. O bem e o mal moral baseiam-se nos valores proclamados por aqueles que tinham o controle da sociedade (os senhores), que são vistos como desejáveis (pelos senhores) ou como um mal (pelos escravos). Na Grécia de Homero, e em outras estruturas sociais marcadas pela dicotomia senhor-escravo ou pela estrutura hierárquica de classes, os atributos que afirmam a vida como poder, força física, saúde e riqueza são considerados bons por aqueles que estão no poder. As características opostas negam a vida: pobreza, falta de poder, doença. Estas são as más. A isto Nietzsche denomina moralidade do senhor, embora, estritamente falando, não exista posição moral atribuída às características rotuladas como boas ou ruins – é preferível chamá-las de estados ou propriedades desejáveis e indesejáveis.

São os escravos que o transformaram convenientemente em um sistema "moral". Os atributos dos opressores (que os senhores consideram bons) são tidos como males pelos escravos. As características que a classe desfavorecida é forçada (as características que os senhores consideram más) a adotar a fim de se furtar à responsabilidade de se livrar da opressão são tidas como boas, do ponto de vista moral. Logo, a crueldade, o mundanismo, o egoísmo, a agressão e a riqueza são vistos como males, e a humildade, a pobreza, a generosidade, a submissão e a piedade são vistas como boas. Ao rotular as marcas indicativas de sua falta de poder como virtudes, os oprimodos são capazes de suportar seu sofrimento, mas evitam a obrigação de remediá-lo. Em vez de verem a pobreza e a falta de poder como doenças sociais, eles as rotulam como moralmente boas e por isso não tentam se livrar delas.

Nietzsche via a tensão entre as moralidades do senhorio e dos escravos como a causa do aparecimento do niilismo na Europa cristã. "Deus está morto", disse ele – sugerindo que o niilismo triunfou, ou triunfará. A crença religiosa era, segundo ele, um baluarte contra o niilismo, e sem ela lutamos para encontrar sentido ou forjar um código moral. O niilismo leva facilmente ao desespero.

Mas também é o primeiro passo para uma cultura com bases sólidas, uma vez que depende da superação do niilismo:

"Eu elogio, eu não reprovo a chegada do [niilismo]. Acredito que seja uma das maiores crises, um momento da mais profunda reflexão da humanidade. Se o homem se recupera a partir dele, se ele se torna senhor dessa crise, é uma questão de sua força!"

Nietzsche esperava que as bases da nova moralidade poderiam ser construídas em meio aos escombros do cristianismo e do niilismo. Mas, para ele, não havia lei moral absoluta. Os sistemas de valor que as sociedades produzem variam de acordo com suas próprias circunstâncias e necessidades, e nenhuma é intrinsecamente melhor que outra. Ele acreditava ser o ato de desenvolver e aderir a um código de valores o ponto importante, o ato definidor de uma sociedade civilizada, e não o conteúdo daquele código. Essa visão, chamada "perspectivismo", foi adotada por alguns filósofos posteriores, entre eles Martin Heidegger, que o desenvolveu no relativismo cultural pleno.

Metaética

A partir de meados do século XIX, o tecido cristão da Europa começou a se desfazer mais rapidamente. Desde o Iluminismo, pensadores sérios começaram a questionar a crença em Deus com a qual foram criados, e embora muitos a conservassem após um exame cuidadoso, um número cada vez maior a rejeitou ou descobriu que ela não respondia às suas necessidades. Aqueles que, como Espinoza, chegaram a um tipo diferente de teísmo tiveram de repensar a moralidade. Aqueles que, como Nietzsche, se livraram de vez da religião por a considerarem opressiva e mal orientada precisavam de uma nova base para a moralidade.

Este capítulo foi amplamente voltado para a Ética normativa – como as pessoas devem se comportar. Mas o início do século XX viu a Filosofia dar um passo para trás, distanciando-se da ética normativa e tentando ganhar uma visão geral com a "metaética" – uma investigação do que queremos dizer quando falamos sobre o certo e o errado, e como podemos fazer julgamentos morais.

O filósofo inglês George Edward Moore (1873-1958) trouxe novos ares depois das contorsões cerebrais que alguns filósofos anteriores causaram. Moore propôs que o senso comum não é algo ruim, e pode, muitas vezes, ser confiável. Logo, por exemplo, você ou eu podemos aceitar, às vezes, prontamente que existimos ontem, sem precisarmos de alguém como Descartes para nos ajudar a provar que existimos ontem. Moore – como muitos – achava que a Filosofia era uma insensatez desnecessária. Muitas perguntas sobre o sentido não são feitas na vida diária, embora a relação entre conceitos e suas definições seja importante na Filosofia. Nisto, ele estimulou alguns dos principais temas da Filosofia do século XX, entre eles a preocupação com a linguagem.

Em sua obra *Princípios Éticos* (1903), Moore dedica-se a estudar a questão da metaética, do que queremos dizer por "bom", em vez de quais ações poderiam ser consideradas boas. Ele diz que "bom" não pode ser dividido, mas é "uma noção simples, assim como 'amarelo' é uma noção simples; que, da mesma forma que você não pode, de forma alguma, explicar a qualquer pessoa que já não saiba, o que é o amarelo, você também não pode explicar o que é o bom".

O "bom", disse ele, é algo de que temos consciência intuitivamente. Sabemos que é bom ser generoso com outras pessoas e mau

sermos cruéis com elas. Não precisamos realmente explicar o porquê, e portanto ele rejeita a visão de Kant de que os julgamentos éticos são acessíveis à razão e à visão utilitarista. Um julgamento do que é "bom" é sempre subjetivo, um julgamento de valor. No geral, concordamos em grande parte do tempo. Discordamos quanto a detalhes, é claro.

Poderíamos a maioria concordar que é errado matar as pessoas, de um modo geral. Contudo, algumas pessoas manterão a opinião de que a morte judicial é aceitável, que o aborto é aceitável, que a eutanásia é aceitável. Esses detalhes são o objeto de estudo da "Ética aplicada". Uma vez que o bom não pode ser definido de modo aceitável, Moore concluiu que a Ética não pode ter base na ciência nem na metafísica.

Ética na vida diária

Estamos comprometidos com a *Ética aplicada*, a aplicação da Ética à vida cotidiana, quando fazemos perguntas como "Os animais têm direitos?" ou "Devemos assassinar ditadores?" O século XX viu uma proliferação de trabalhos sobre áreas específicas como bioética, direitos animais e ética nos negócios.

Os métodos usuais da *Ética normativa* (ética da virtude, ética deontológica e ética utilitarista) abordam questões éticas a partir de pontos bem diferentes. Uma das consequências da fragmentação nos códigos morais teóricos foi a de existirem muitos pontos de vista aceitos, mas, frequentemente, conflitantes na sociedade moderna. O trabalho de comissões éticas e outros órgãos voltados para a realização de julgamentos éticos é mais difícil atualmente do que teria sido em um tempo em que uma ordem moral universal imposta pela Bíblia conservava influência.

É ético assassinar ditadores, como Saddam Hussein?

Uma forma de lidar com a pluralidade de posições teóricas é adotar um método de raciocínio baseado em *cases*, chamado *casuística*. Tem suas origens em Aristóteles, e foi popular por um breve tempo nos séculos XVI e XVII. Moore simpatizava com a casuística: "A casuística é o objetivo da investigação ética. Não se pode tentar praticá-la com segurança no início de nossos estudos, mas apenas no final." Depois de mais de meio século de Filosofia pós-mooreana, a casuística reapareceu nos anos 1960 como um método que poderia ser empregado na Ética aplicada, e prevaleceu após o trabalho revolucionário do eticista biomédico americano Albert Jonsen (nascido em 1931) e do filósofo inglês Stephen Toulmin (1922-2009), chamado *O abuso da Casuística: uma história do raciocínio moral* (1988). Essa abordagem trata dos casos individuais no contexto de suas próprias circunstâncias. Funciona a partir de fatos conhecidos e prováveis consequências, em vez de começar de um código teórico (embora ainda tenha de funcionar dentro da lei). Um exemplo de sua aplicação está em se decidir se deve retirar os aparelhos que mantêm a vida de um paciente muito doente. Uma vez que isto não se baseia em leis, pode implicar determinações opostas em casos que parecem muito semelhantes.

A resistência ética consiste de pressão não violenta sobre órgãos que os resistentes consideram opressores, exploradores ou de alguma maneira moralmente repreensíveis.

Resistência ética – Ética para o século XXI

Os filósofos pós-estruturalistas e pós-modernistas negaram a possibilidade de um código moral objetivo, ou mesmo subjetivo, dizendo que todas as ações devem ser vistas em seu contexto e em relação a outros. Na prática, isso efetua a casuística, sendo cada caso julgado independentemente de um modelo moral. David Couzens Hoy, professor de Filosofia na Universidade da Califórnia, identificou uma "virada ética" na Filosofia nas décadas de 1980 e 1990. Ele descreve a Ética moderna como "obrigações que se apresentam necessariamente para serem realizadas, mas que não são nem forçadas a ninguém nem são obrigatórias". Ele vê atos iguais a rejeitar o consumismo a favor de modos de vida mais simples, ou boicotar as empresas que evitam pagar impostos, como exemplos de "resistência ética" – uma forma de aqueles que não têm poder reagirem contra os poderosos.

> *"A resistência ética daqueles desprovidos de poder para a nossa capacidade de exercer poder sobre eles é, portanto, o que impõe obrigações inaplicáveis a nós. As obrigações são inaplicáveis exatamente devido à falta de poder dos outros. Por serem ao mesmo tempo obrigatórias e inaplicáveis, isto as coloca na categoria do ético. As obrigações que foram aplicáveis não seriam, pela virtude da força por trás delas, livremente tomadas e não estariam na esfera do ético."*
>
> David Couzens Hoy, *Resistência crítica: do pós-estruturalismo à pós-crítica* (2004)

O político birmanês Aung San Suu Kyi fez campanha pela mudança pacífica na Birmânia durante décadas, preferindo a resistência ética à luta violenta.

Os que não têm poder podem ser qualquer grupo, humano ou não, inclusive os pobres, os não nascidos, animais e grupos étnicos ou sexuais marginalizados.

A boa vida

O consenso dos dois últimos milênios parece ser que levar uma vida moralmente virtuosa e generosa provavelmente nos trará a felicidade. Isto não produzirá riqueza material – de fato, em muitos casos o comportamento egoísta e imoral tem mais chance de produzir mais riqueza material – mas pelo menos, talvez, nos permitirá sentir, como indivíduos, que somos verdadeiros com nós mesmos, livres de culpa e de vergonha e sem temer a exposição. Levar uma vida virtuosa não depende de religião. Embora a religião possa oferecer às pessoas um código moral preestabelecido, um modelo para a vida virtuosa e costume reivindicar o monopólio sobre a moralidade, o impulso para o bem está em todos nós – ou na maioria. Viver bem, nos termos de Aristóteles, é a maneira de nos tornarmos seres humanos realizados, atingindo nosso propósito natural. Mas viver bem não é algo que possa acontecer isoladamente – não podemos todos ser como Diógenes. Logo, viver realmente bem muitas vezes envolve relacionar-se com outras pessoas de modo moral e virtuoso – praticando a virtude em nossas estruturas políticas e sociais.

recen altos
ar arrodillados!

CAPÍTULO 6

Como formamos uma **BOA SOCIEDADE?**

"Não sou ateniense nem coríntio, sou um cidadão do mundo."

Diógenes de Sínope
(segundo Epíteto, em *Discursos*)

"Que a fim de assegurar esses Direitos, Governos são instituídos entre os Homens... Sempre que qualquer Forma de Governo passa a destruir esses Fins, cabe ao Povo o direito de alterá-lo ou aboli-lo."

Thomas Jefferson,
Declaração da independência dos Estados Unidos (1776)

Uma sociedade boa dá liberdade para seu povo protestar.

As duas questões filosóficas básicas de "Como viver bem?" e "Como se faz uma sociedade boa?" estão inextricavelmente ligadas, pois vivemos com outras pessoas. A Ética deve servir de base para qualquer sistema político e legal, mas há também outras considerações. Ao estender o que é "certo" a toda uma sociedade, alguns acordos inevitavelmente devem ser estabelecidos. A crítica feita a Diógenes, de que a maneira ascética que ele acreditava que cada um deve viver não pode ser sustentada por toda a sociedade, toca o cerne do dilema. Não podemos todos nos afastar dos bens materiais e não podemos todos ter menos (ou mais) do que os demais.

O TODO É DIFERENTE DA SOMA DE SUAS PARTES?
De modo geral, duas são as abordagens à Filosofia Política. A abordagem individualista vê as sociedades como a soma dos indivíduos que as formam. A outra, coletivista, vê uma sociedade como mais do que um conjunto de pessoas, como algo que tem sua própria autonomia e identidade. A importância isolada dos indivíduos é atenuada na visão coletivista.

O cidadão ético em uma sociedade ética

Os filósofos têm diferido quanto ao grau em que a Ética deve ditar a política ou o código jurídico. Nicolau Maquiavel (1469-1527), político e diplomata italiano, não poupou tempo para tratar da moralidade. Toda a sua abordagem pragmática é o oposto da revisão proposta por Bentham do código legal com fundamentação ética. Mas também existem outras considerações. Quem deveria estabelecer a lei e como ela deveria ser imposta? O que dá legimidade a um governo? Qual o formato que um governo deve assumir? Quais são as obrigações de um governo perante seus cidadãos e quais os deveres de seus cidadãos? E, finalmente, é certo depor um governo?

De certo modo, a Filosofia Política é a aplicação prática da metafísica. Envolve definir conceitos como justiça, liberdade, autoridade e equidade e, então, encontrar estruturas sociais em que estes sejam implementados.

O contrato social

A ideia de que existe um contrato social entre o indivíduo e a sociedade surgiu pela primeira vez na obra de Platão e persiste até a atualidade. Em seu diálogo *Críton*, o personagem de Sócrates, diz que fez um contrato com a cidade de Atenas, ficando nela depois da maturidade, e como parte desse contrato ele se envolve com as leis da cidade e não pode fugir do julgamento que a cidade fez dele. Como con-

O Príncipe, *de Maquiavel (esquerda), foi usado como referência por muitos líderes políticos, entre eles Joseph Stalin.*

AS QUATRO OPÇÕES

Em linhas gerais, existem quatro posições políticas distintas:

Liberalismo – inclina-se para a igualdade e a liberdade para todos, mas o inerente problema da desigualdade, devido às diferenças pessoais (em inteligência, por exemplo), conduz à máxima igualdade de oportunidades ou de recursos possível, sendo o melhor que cada um pode atingir.

Conservadorismo – não acredita que seja possível fazer uma reformulação geral e acha que, lentamente, as práticas que não funcionam desaparecerão naturalmente. O conservadorismo confia que tudo encontra seu próprio equilíbrio, inclusive o mercado – daí uma adesão ao capitalismo de livre mercado.

Socialismo – acredita que os recursos são mais bem empregados e gerenciados se isto for feito coletivamente, de modo que a ambição individual não possa prevalecer em detrimento da sociedade como um todo. Podem existir razões práticas ou morais para aprovar a propriedade do Estado.

Anarquismo – sustenta que as pessoas não podem ter uma vida boa, o que é concebido de diferentes formas por diferentes indivíduos, se elas forem submetidas a uma hierarquia ou a um conjunto de limitações. A dificuldade para a aplicação da anarquia está em reconhecer quais estruturas brotam naturalmente (e que podem formar parte de uma vida boa) e quais são impostas.

sequência, ele deve aceitar a pena de morte que lhe foi atribuída, mesmo que sinta que esta tenha sido designada injustamente.

O BOM DO ESTADO

A República de Platão é o primeiro trabalho substancial da Filosofia Política. Descreve uma sociedade utópica guiada por uma elite de guardiões treinados desde o nascimento para governar. O resto da sociedade é dividido em soldados e povo. Na República, os cidadãos ideais são aqueles que entendem o melhor modo possível de usar seus talentos para beneficiar a sociedade, e fazem exatamente o que é necessário para alcançar isso. Tudo é organizado para o bem do Estado como um todo, ainda que haja algumas restrições às liberdades individuais. Platão acreditava que tal sociedade seria justa para todos os seus cidadãos, dando e tomando de cada um, como é seu dever. Seria também, invencível, pois sua estrutura a tornaria muito mais forte que qualquer um de seus inimigos.

A República estende a ideia de "Formas" de Platão para o âmbito da política. Descreve a sociedade ideal da qual todas as sociedades reais são apenas aproximações imperfeitas ou cópias. Nenhuma sociedade existente (no tempo de Platão e agora), consegue promover o bem de todos os cidadãos, uma característica do ideal.

A visão da sociedade retratada em *A República* foi fortemente criticada nos últimos 2.300 anos. O filósofo inglês Bertrand Russell (1872-1970), fundamentado em uma considerável análise retrospectiva e na perspectiva histórica, acusou Platão de apoiar um regime elitista e totalitário sob o disfarce de princípios comunistas ou socialistas. Depois do fracasso espetacular de uma série de Estados totalitários – comunistas e facis-

tas – no século XX, é possível que o ideal precise ser repensado.

A constituição como alma

Aristóteles, discípulo de Platão, criticou duramente *A República*. Empregado por Filipe II, da Macedônia, como tutor de seu filho que se tornaria Alexandre, o Grande, Aristóteles seguiu de perto a política de alto nível. Seu *Política* aconselha os governantes e estadistas, com base na visão de Aristóteles de que o papel de líderes políticos é estabelecer as leis ou a Constituição, e então mantê-las e revisá-las conforme seja necessário. Ele acreditava que a função natural do homem é agir de acordo com a razão, baseando-se na virtude, e isto deveria ser aproveitado e reconhecido nas estruturas políticas.

Aristóteles pensava que a Constituição é para a cidade-estado o equivalente à alma para um organismo vivo. A cidade-estado é composta de uma população particular, em um território específico com uma Constituição que define o seu objetivo. O objetivo da cidade-estado constituída adequadamente é a felicidade dos cidadãos. Seu *Política* investiga as cidades-estado em suas Formas Reais e Ideais, descrevendo os méritos e deméritos dos vários tipos de governo e prescrevendo medidas que as tornariam melhores.

"FILOSOFÊS": UTOPIA

"Utopia" tornou-se um termo genérico para um estado ideal, imaginário, com uma constituição e uma sociedade perfeitas.

Aristóteles considerava que os homens se unem naturalmente para formar sociedades (uma doutrina que posteriormente foi chamada de naturalismo político) e, desse modo, os seres humanos são animais políticos. Aristóteles, que estudou mais de 150 Constituições de cidades-estado gregas, tinha uma definição de "cidadão" bastante restrita, excluindo mulheres, escravos, crianças e estrangeiros. Os demais eram cidadãos de pleno direito, desempenhando um papel em favor da cidade-estado.

Em sua análise das diferentes formas de governo, ele as dividiu em formas justas (corretas) e injustas (corrompidas), partindo de uma análise antes feita por Platão (*veja* a tabela na página seguinte).

A justiça, para Aristóteles, requer que os indivíduos recebam benefícios na mesma proporção de seus méritos e responsabilidades. A finalidade da cidade-estado não é maximizar a riqueza (como os oligarcas supõem), nem promover a liberdade e a

O outro lado da moeda da liberdade para prosperar é o da liberdade para morrer de fome. Como uma sociedade pode garantir a primeira enquanto e, ao mesmo tempo, se protege contra a segunda?

As leis inscritas em plintos de pedra na Grécia Antiga são evidência de uma determinação de colocar a sociedade em uma posição firme e formal, com normas que servem de referência a todos para resolver todas as disputas.

igualdade (como os democratas sustentam). Em vez disso, seu objetivo é a *eudaimonia* (felicidade), isto é, a "boa vida", que, politicamente, consiste em uma disposição pessoal a praticar ações virtuosas. Nesse sentido, a cidade ideal é aquela na qual todos os cidadãos são virtuosos.

Aristóteles criticou *A República* de Platão por se concentrar demais no modelo da cidade-estado e não nos cidadãos, e por pressupor uma natureza humana contrária àquela manifestada no comportamento dos homens observado cotidianamente. As prescrições de Aristóteles eram mais pragmáticas. Embora discutisse uma Constituição ideal, ele reconhecia que a maioria dos legisladores não está em posição de instituir aquilo que considera como ideal, mas terá de fazer ajustes e acordos que estabeleçam o consenso entre os cidadãos. Se, para Platão, o modelo de governante seria o médico – que sabia e dizia o que era o melhor para os "pacientes" –, para Aristóteles, a metáfora do governante era o arquiteto – que embora soubesse como construir uma casa sozinho, devia escutar e se guiar por aqueles que nela viverão.

Em termos práticos, o melhor governo, muitas vezes, revela-se o governo de muitos. Embora Aristóteles considerasse a democracia algo ruim, o governo pelas classes médias era, acreditava ele, frequentemente melhor que o governo de poucos ricos. Tanto os ricos como os pobres

	CORRETO	CORROMPIDO
UM GOVERNANTE	Monarquia	Tirania
POUCOS GOVERNANTES	Aristocracia	Oligarquia
MUITOS GOVERNANTES	Regime Constitucional	Democracia

> *"Vemos que toda cidade é uma espécie de comunidade, e toda comunidade se forma com vistas a algum bem (pois todas as ações de todos os homens são praticadas com vistas ao que lhes parece um bem); se todas as comunidades visam a algum bem, é evidente que a mais importante de todas elas e que inclui todas as outras tem mais que todas este objetivo e visa ao mais importante de todos os bens; ela se chama cidade e é a comunidade política."*
>
> Aristóteles, *Política*

Marco Aurélio, imperador romano, foi um filósofo estoico. Ele governou junto com Lúcio Vero, de 161-169 d.C. e governou sozinho de 169-180 d.C.

são inclinados a tomar más decisões por conta de sentimentos e interesses pessoais, enquanto as classes médias serão mais moderadas. Se muitos cidadãos com alguns méritos governarem juntos, seus méritos coletivos beneficiarão a sociedade; esta ideia constitui a base de muitas Constituições modernas.

Aristóteles tratou profundamente de muitas das preo cupações pertinentes à Filosofia Política: o papel da natureza humana, ideais e moralidade na política prática, a relação do indivíduo com o Estado, a teoria da justiça, o estado de direito, Constituições e até as causas das revoluções em diferentes tipos de regime.

Lampejos de igualdade

Podemos estar inclinados a não condenar Aristóteles por sua visão sobre escravos e mulheres, devido à época em que ele viveu. No entanto, a tarefa do filósofo é submeter tudo à investigação filosófica: Sêneca, escrevendo em Roma (uma sociedade também favorável à posse de escravos), conseguiu deixar de lado a visão comum quando afirmou, por volta de 65 d.C.:

"Queira lembrar-se que ele a quem você chama de seu escravo nasceu da mesma

> *"A liberdade não é assegurada pela realização dos desejos dos homens, mas pela supressão do desejo."*
>
> Epíteto (55-135 d.C.)

matéria, o mesmo céu lhes sorri, e ele respira, vive e morre em iguais condições a você."

Os estoicos sustentavam que diferenças externas entre as pessoas não têm importância e que todos os seres humanos nascem iguais. Evidentemente, a crença de que todas as pessoas são iguais não é muito conveniente para os governantes e desapareceu da Filosofia Política durante longo tempo.

Marco Aurélio (121-180 d.C.), imperador romano que se converteu ao estoicismo, era o retrato da contradição pessoal. Embora em sua obra *Meditações* ele mostrasse interesse pelos problemas sociais dos pobres, escravos e aprisionados, como imperador ele continuou a perseguir a população cristã. As *Meditações* são uma coleção de aforismos que apresentam algumas de suas ideias sobre ética e política, que nem sempre se fundam sobre argumentos sólidos ou análises mais meticulosas. Em certo sentido, o estoicismo era um sistema de crenças conveniente para um governante, pois estimulava as pessoas a aceitarem as coisas como elas são (e estão) e buscarem a satisfação dentro de si mesmas. Para os estoicos, todos os "seres com alma" lutam pela autopreservação, e isso significa procurar o que está em sintonia com sua natureza. Na humanidade, a virtude é o que é bom o tempo todo.

Trazendo Deus para a cidade

Santo Agostinho nasceu e morreu no Norte do continente africano, embora tenha vivido um período em Roma e em Milão. Converteu-se ao cristianismo por volta dos trinta anos, e procurou mostrar que a razão sustentava-se pela fé.

Embora Agostinho tenha tentado conciliar o pensamento cristão com os escritos de Platão (filtrados através dos neoplatonistas), e Tomás de Aquino tenha feito o mesmo com Aristóteles, os filósofos cristãos do período medieval deram pouca atenção à questão da política, independentemente do legado dos filósofos precedentes. Houve uma tendência a rejeitar a política por não ser assunto religioso. "Dar a César o que é de César" parece incluir o poder temporal e os interesses políticos. Santo Agostinho escreveu que a comunidade cristã era uma comunidade espiritual e não política. Tomás de Aquino, escrevendo 800 anos mais tarde, identificou quatro níveis de lei, com a lei eterna de Deus no alto e a lei humana, temporal, embaixo – o que ainda não despertava muito interesse. Só no Renascimento, período de agitação e avanços intelectuais, a teoria política voltou a ser preocupação dos filósofos.

O mal que você conhece...

Nascido em Florença no tempo de maquinações desonestas das grandes famílias italianas políticas, Nicolau Maquiavel foi o filósofo político mais influente do Renascimento. Sua principal obra, *O Príncipe* (1532), foi elaborada como um guia para governantes, apresentando uma análise detalhada de técnicas políticas bem-sucedidas. O texto

O PROBLEMA DA "GUERRA JUSTA"

Um problema na Filosofia Política que tem despertado interesse recentemente no Ocidente é o da "guerra justa". A questão foi introduzida por Santo Agostinho em sua obra sobre Filosofia cristã, chamada *A cidade de Deus*. Platão dissera ironicamente que "a justiça é do interesse dos mais fortes", uma afirmação indireta de que "quem tem a força tem o direito". Agostinho dividiu a questão em duas perguntas: "É certo ir para a guerra?" e "Que ações são permitidas em uma guerra?" Ele exigiu que quatro condições principais sejam atendidas para uma guerra ser considerada moral:

1. Autoridade justa: a decisão de ir para a guerra deve se basear em um processo político e legal legítimo.

2. Causa justa: a guerra é a resposta mais adequada para algo errado que tenha sido cometido.

3. Intenção correta: a ação da guerra limita-se a corrigir o que está errado ("extensões da missão", portanto, não são permitidas).

4. Último recurso: outras vias foram exploradas e a guerra é a única opção que resta.

Portanto, existem limites morais sobre o que é permitido em uma guerra que passou pelo primeiro conjunto de critérios. Um exército só deve usar a força em proporção à causa e não deve fazer nada mais que o necessário para corrigir o mal sofrido; não deve atacar civis inocentes, isto é, não combatentes; não é responsável por consequências imprevistas ruins, desde que o bem da guerra supere o mal e a batalha seja travada com boas intenções.

Agostinho chegou a essas orientações em um tempo em que o Império Romano achava-se em declínio e estava caindo para outros poderes. A questão da moralidade da guerra era de importância imediata e urgente – como permaneceu.

é amoral e não imoral, e a caracterização popular de Maquiavel como mau e conivente é injusta. A crença de que o apelido "Old Nick" (que, informalmente, significa "capeta", em inglês) vem do nome de Nicolau Maquiavel provavelmente é improcedente, mas ela denota a reputação que ele teve.

O conselho de Maquiavel ao príncipe é totalmente prático e não questiona a moralidade dos métodos. Maquiavel ficou conhecido por uma frase que nunca escreveu, mas que ele realmente acreditava: "Os fins justificam os meios". Contanto que os fins valham a pena, a moralidade pode ser abstraída na execução dos meios para alcançá-los. Mas os fins devem ser politicamente "bons" – ou seja, devem consistir em objetivos que realmente valham a pena ser atingidos. As três metas que Maquiavel considerava que o príncipe deveria procurar atingir são: segurança nacional, independência e Constituição sólida. Porém, não há razão para se tentar persegui-las sem recursos suficientes, pois o fracasso será inevitável. Ele aconselha os príncipes a seguirem suas convicções com força e coragem, fazendo o que for necessário, mas sempre tendo em mente as circunstâncias internas e externas.

Protestantes contra a guerra no Iraque. Para santo Agostinho, uma guerra justa deve ter uma causa justa e ser a única resposta possível; a guerra deve ser deflagrada somente após transcorrido um processo legal e suas ações precisam se limitar a corrigir o mal sofrido.

Grande parte do conselho prático relaciona-se à manipulação e ao controle de pessoas – apoiadores, aliados, população e outros governantes – a fim de obter o poder e mantê-lo. Maquiavel observou que com frequência vale a pena parecer virtuoso para ganhar apoio. Ser um tirano abertamente, em geral, é ruim, pois é uma posição antagonista e faz com que seja mais difícil de governar, tornando insegura a posição do príncipe. Um príncipe precisa almejar uma população razoavelmente satisfeita, pois será mais fácil governá-la e ela não desejará depô-lo. Por essa razão, é sensato lidar com a população com justiça, embora também com firmeza. A forma mais bem-sucedida de governo, diz ele em seu *Discursos* (c. 1517), é uma república dirigida pelos príncipes, mas mantidos em xeque pela nobreza e pelos cidadãos comuns.

Mundos perfeitos

Vários filósofos seguiram o modelo Platão de estabelecer um modelo de sociedade perfeita, descrevendo como seria uma utopia – um Estado ideal. O filósofo e estadista Thomas More (1478-1535) chamou sua terra visionária de "Utopia" (do grego *ou-topos*, que significa "não lugar", ou, segundo outros autores, *eu-topos*, "bom lugar") e o descreveu em um livro do mesmo nome. Durante muito tempo, More foi conselheiro de confiança de Henrique VIII. Ele era um homem com muitos princípios e honesto demais para durar; o rei Henrique o executou em 1535 quando More, devoto católico, não endossou o divórcio do manarca, o novo casamento e a indicação para chefe da nova Igreja da Inglaterra.

A *Utopia* (1516) é um livro apresentado como um diálogo com um viajante, Raphael Hythloday, descrevendo a ilha da Utopia, nos Mares do Sul. Hythloday acaba de voltar depois de viver lá durante cinco anos. A Utopia é essencialmente um estado comunista; ninguém tem permissão para manter propriedades pessoais, não existe ambição

> *"A vida na Utopia de More, como em tantas outras, seria intoleravelmente monótona. A diversidade é essencial para a felicidade, e na Utopia ela praticamente inexiste."*
>
> Bertrand Russell

O humanista Thomas More (considerado um santo pela Igreja católica) foi executado por se opor a Henrique VIII.

pessoal nem comércio (exceto com outras terras). Quase todos são iguais. As exceções são os servos que executam as tarefas mais desagradáveis. Estes são criminosos ou estrangeiros sentenciados à morte. Todos trabalham seis dias por semana, usam as mesmas roupas e vivem em casas idênticas, que devem trocar regularmente para desencorajar os residentes a customizá-las ou a se apegarem a elas. As cidades são construídas em um plano regular, as pessoas comem juntas e todos têm tudo o que precisam.

Um dos aspectos em que Utopia é bem diferente dos regimes comunistas opressivos do século XX é a tolerância religiosa: todas as religiões são toleradas, mas não o ateísmo. More sustentava que se uma pessoa não acredita em Deus, então não se pode confiar que esta reconheceria qualquer outra autoridade e, portanto, não seria um cidadão governável.

Intelectuais e governantes são escolhidos pelo mérito em Utopia e só permanecem no posto enquanto forem bons no que se pressupõe que estejam fazendo. Eles não podem herdar a posição, nem continuar nela se forem negligentes ou preguiçosos. O chefe de Estado é um príncipe eleito que pode ser removido, caso revele ser um tirano.

A *Utopia*, de Thomas More, retratou uma visão alternativa da sociedade sem criticar abertamente a Inglaterra de Henrique VIII. Ele usou o livro para articular ideais socialistas completamente desconhecidos e não expressos na Inglaterra dos Tudor. Não está

claro se More acreditava na Utopia retratada como uma sociedade possível ou mesmo desejável, mas muitos outros autores captaram essa sugestão e escreveram sobre sociedades imaginárias. De fato, a última peça de Shakespeare, *A tempestade* (1623) aborda um tema semelhante, em que o mágico Próspero tenta (em vão) transformar uma ilha isolada em um paraíso para ele e sua filha.

O homem natural e a lei natural

Vários filosófos influentes voltaram sua atenção para a natureza da sociedade e o tipo de contrato social que a humanidade faz para formá-la. Um dos quatro níveis de lei descritos por Tomás de Aquino foi o da "lei natural" – as normas que resultam da aplicação da razão. A ideia de lei natural e de como os homens se comportariam em um estado "natural" tornou-se foco de interesse de diversos filósofos políticos. Eles tinham ideias muito diferentes sobre o que constituía um estado "natural" (não cívico), pois esta era uma condição quase impossível de ser testemunhada diretamente. Os contos dos viajantes sobre povos nativos que habitavam as terras recém-descobertas, como as Américas ou a Austrália, introduziram informações de confiabilidade duvidosa no debate.

As leis do universo aplicadas à sociedade

O filósofo inglês Thomas Hobbes (1596-1650) buscou uma nova metodologia para dar sustentação à sua Filosofia Política. Como Descartes, ele procurou encontrar na ciência um modelo: se, como Galileu e Newton demonstraram, o universo funcionava de acordo com um conjunto de regras naturais, por que não aconteceria o mesmo com as estruturas sociais? Sendo assim, Hobbes aplicou a regra da lei natural ao âmbito da política. Seu primeiro tratado sobre ciência política, *Os elementos da lei natural e política*, foi distribuído àqueles que apoiavam o Rei Carlos I, em 1640, para justificar as ações do rei

Apesar dos esforços de Hobbes, o público inglês não se convenceu dos méritos de se submeter ao poder do monarca, e Carlos I foi executado em 1649.

ante um parlamento cada vez mais hostil. Hobbes passou os dez anos seguintes no exílio autoimposto na França. Lá, primeiro ele desenvolveu sua defesa do direito de um rei de governar como monarca absoluto em *De cive* (*Do cidadão*) (1642). Ele retomou o assunto com profundidade em sua obra-prima, *Leviatã* (1651).

Leviatã começa com o pressuposto de que todas as pessoas buscam naturalmente seu próprio bem e que, se esse instinto não for controlado, resultará no caos. Para suspender o conflito incessante e interminável de todos contra todos, as pessoas abrirão mão, voluntariamente, de seus direitos individuais e aceitarão a autoridade de um governante, que Hobbes chama de soberano (embora este possa ser um monarca ou uma assembleia regente). Em troca, o soberano assegura o bem-estar e a segurança das pessoas. Em outros termos, a guerra é o estado natural da humanidade e somente as regras da vida social, impostas pela força, impedem-nos de regressar a esse estado natural. Sem o compromisso entre os indivíduos e o soberano, diz Hobbes, a sociedade se desintegraria e seria uma "guerra de todos os homens", contra todos homens e a vida de todos seria "solitária, pobre, desagradável, brutal e curta".

O contrato social impede a humanidade de voltar a esse estado, e funciona porque oferece segurança e atende àquilo que precisamos. Assim, embora todo indivíduo ainda tenha seus interesses próprios, para Hobbes as necessidades de cada um são atendidas de modo a levar em conta as necessidades dos outros.

NÃO É DE TODO MAL

John Locke adotou uma visão mais benevolente da humanidade. Embora ele ainda acreditasse que a natureza humana nos encoraja a sermos egoístas, esta era caracterizada pela razão e pela tolerância. Segundo ele, em seu "estado natural" os indivíduos tinham o direito de proteger sua "vida, saúde, liber-

Os exploradores ultramarinos faziam relatos de seres humanos em seu estado "natural", que eram caracterizados como selvagens nobres ou sub-humanos degradados: os filósofos podiam escolher.

dade ou posses". Primeiro eles se uniram para solucionar conflitos e defender direitos de forma civil, e logo acharam mais fácil defender tais direitos como grupo. Para Locke, inicialmente a criação e o acúmulo da propriedade eram limitados: as pessoas tinham de trabalhar para produzir bens, que, em geral, eram perecíveis.

A introdução da moeda permitiu às pessoas continuarem produzindo e trocando bens perecíveis por algo que dura e conserva o seu valor, removendo, dessa forma, o limite da acumulação. Locke acreditava nas forças de mercado, dizendo que o valor de qualquer bem sobe ou cai de acordo com a sua disponibilidade e de quantas pessoas o desejam (oferta e demanda).

Para Locke, o dinheiro era algo bom, uma vez que podia evitar o desperdício, e ele considerava a propriedade não produtiva como um desperdício e uma ofensa contra a natureza. Para Locke a desigualdade social era resultado do acordo tácito que as sociedades fazem sobre o uso do dinheiro. Ele reconhecia que era função dos governos introduzir normas que moderassem o conflito entre a acumulação sem limites e a distribuição desigual, mas não considerava sua tarefa pensar como isso poderia ser feito.

Locke apoiava uma monarquia constitucional como a forma ideal de governo, mas negava o direito divino dos reis – isto é, que um rei receba sua posição de Deus e, portanto, não possa ser deposto. Em *Dois tratados sobre o governo* (1690), ele argumentou contra o poder hereditário e a monarquia absoluta, alegando que um governo só é legítimo se os governantes governarem com o consentimento dos cidadãos. Locke acreditava que ambas as partes do contrato social devem ser preservadas: as pessoas devem obedecer aos governantes, mas estes têm o dever de apoiar e zelar pelos cidadãos.

Thomas Hobbes adotou uma visão negativa da humanidade, acreditando que se fôssemos deixados com nossos próprios recursos, sem estrutura social, apelaríamos para um comportamento destrutivo e egoísta.

O NOBRE SELVAGEM

Jean-Jacques Rousseau adotou uma visão mais positiva do estado natural da humanidade. Em vez de brigar e nos apunhalarmos "pelo último biscoito", como Hobbes acreditava que seria o nosso comportamento normal, Rousseau considerava o estado natural do homem como inatamente bom:

"Os homens no estado natural não conhecem o bem e o mal, mas apenas sua própria independência."

Esse conhecimento inato, juntamente com "a paz de suas paixões, e a ignorância do vício, os impede de fazer o mal".

Era uma abordagem extremamente otimista, que atribuía os males da humanidade às estruturas sociais que construímos. O movimento Romântico, na Filosofia, na Arte, na Literatura e na Música, vem da crença

de Rousseau de que o estado congênito da humanidade é o da nobreza e da grandeza natural, e que quanto mais próximos pudermos estar de nossa natureza (e da Natureza), melhor viveremos.

> *"O homem nasceu livre, e em todo lugar ele está aprisionado. Aqueles que se julgam senhores dos outros são, de fato, mais escravos do que eles."*
>
> Jean-Jacques Rousseau, *O contrato social* (1762)

Rousseau apresentou suas ideias para criar uma sociedade perfeita em *O contrato social* (1762), provavelmente o trabalho mais influente e destacado de Filosofia Política do século XVIII. A obra seguiu-se, naturalmente, de seu trabalho anterior, *O discurso sobre a desigualdade* (1754), em que ele criticava a injustiça que testemunhava no mundo à sua volta. Ele via essa injustiça como o resultado direto de estruturas sociais e educacionais que suprimiam a vontade natural e a capacidade dos homens.

Na famosa abertura de *O contrato social* (*veja* o box acima), Rousseau estabeleceu sua premissa de que a sociedade rouba a nobreza e a liberdade natural da humanidade. No entanto, ele vai além, dizendo que é o contrato social – o compromisso entre indivíduos que concordam ser governados – que nos deixa livres. A liberdade que o homem solitário goza é a liberdade de buscar o bem-estar pessoal sem comparação com os outros ou considerações nocivas aos outros. A sociedade, com suas armadilhas de riqueza e ambição, remove essa liberdade. Nós nos tornamos preocupados com o que os outros têm, com nossa posição em relação aos demais e, portanto, ficamos insatisfeitos, gananciosos, invejosos e cruéis. Em vez de um impulso natural para obter o que precisamos – alimento, abrigo, um companheiro – lutamos por bens desnecessários que a sociedade nos ensinou a querer. Isto acontece (e continua tão verdadeiro atualmente quanto na França do século XVIII) porque as sociedades construíram um contrato social falho. As pessoas têm sido coagidas a abrir mão de suas liberdades naturais em troca de uma espécie de escravidão em uma sociedade concebida pelos ricos e para os ricos.

Uma sociedade boa, de acordo com Rousseau, é baseada em princípios do republicanismo clássico. As pessoas unem-se e governam em uma democracia que estabelece leis em benefício da sociedade como um todo. À medida que as leis são uma expressão da vontade geral, é do interesse de cada pessoa obedecer a elas e fazer isso é, de fato, tanto uma expressão da liberdade quanto a sua conquista.

> *"O primeiro homem que, tendo cercado um pedaço de terra, disse: 'Isto é meu', e descobriu que as pessoas são ingênuas o suficiente para acreditar nele, este homem foi o verdadeiro fundador da sociedade civil. De quantos crimes, guerras e assassinatos, de quantos horrores e infortúnios não pouparia a humanidade aquele que, ao arrancar as estacas, ou ao encher o fosso, gritasse aos companheiros: Cuidado ao ouvirem a esse impostor; pois estarão perdidos se esquecerem que os frutos da terra pertencem a todos nós, e a terra não é de ninguém."*
>
> Jean-Jacques Rousseau, *Discurso sobre a desigualdade* (1754)

JEAN-JACQUES ROUSSEAU (1712–1778)

Rousseau, filho de um relojoeiro, nasceu em Genebra. Sua mãe morreu no parto e seu pai o abandonou ao fugir da cidade para escapar de dificuldades legais. Aos 15 anos, Rousseau deixou Genebra e andou de um lugar para outro, finalmente sendo acolhido por Françoise-Louise de Warrens, uma mulher nobre que estava sendo paga pelo rei de Piedmont para converter protestantes ao catolicismo. Rousseau tornou-se seu amante quando tinha 20 anos de idade. Publicou seu primeiro livro com quase 40 anos, e ganhou fama rapidamente.

Apesar de escrever um tratado quase moderno sobre educação e como criar filhos, Rousseau não era um homem ideal, de família. Foi pai de vários filhos com Thérèse Levasseur, sua amante em Paris, antes de se casarem e insistiu que ela levasse vários deles para o orfanato. Mais tarde, ele tentou encontrar seu filho, em vão. Suas visões sobre igualdade não se estendiam às mulheres, que ele acreditava que deveriam ser comandadas em casa, pelos maridos.

Embora se tornasse o principal filósofo do Iluminismo francês, Rousseau desentendeu-se com a maioria das pessoas que o conheciam, inclusive Madame de Warrens, o filósofo David Hume – seu amigo –, católicos, protestantes e o governo da França. Depois de fugir de um país para outro, ele acabou ficando na França, perto de Paris, onde morreu, provavelmente de hemorragia cerebral. Dezesseis anos depois de sua morte, seu corpo foi exumado e enterrado novamente, no Panthéon, em Paris.

Isso levou à asserção aparentemente paradoxal e assustadora feita por Rousseau, de que as pessoas devem ser "forçadas a serem livres": em outras palavras, devem obedecer às leis que existem para torná-las livres através da participação no contrato social.

A vontade geral assume primazia absoluta sobre as vontades individuais, e Rousseau vai além, a ponto de negar os direitos individuais e dizer que qualquer noção deles deve ser abandonada. Os direitos individuais não devem ser

Conservadores vitorianos convictos resistiam aos apelos de reforma social porque o Conservadorismo acredita que os pecadores se corrigirão com o passar do tempo. Mas, a que custo humano?

necessários na sociedade propriamente constituída, pois o que é bom para todos é necessariamente bom para cada um. Tudo isso parece irremediavelmente otimista, e existem, obviamente, muitos casos em que o que é bom para muitos não parece ser bom para cada um dos indivíduos. Rousseau reconheceu que as pessoas não sabem necessariamente o que é bom para elas, e explicou que quando não sabem qual é sua "verdadeira vontade", precisam de um excelente legislador que lhes revele isso.

Confiando na vontade geral

A vontade geral é mais que a mera soma de todas as vontades individuais. É a vontade de todos, dirigida para seu bem comunitário, em vez de individual:

"Cada um de nós coloca a sua pessoa e o seu poder em comum, sob a direção suprema da vontade geral, e, em nossa capacidade

corporativa, recebemos cada membro como uma parte indivisível do todo."

A vontade geral assume um certo caráter de entidade anônima. Isso põe fim à exploração ou à negligência de grupos minoritários. Por exemplo, ela beneficiaria a maioria das pessoas de um país, onde a maior parte da população não tem cabelos ruivos, ao confiscar os bens de pessoas ruivas e redistribui-los entre aquelas não ruivas. Isso priorizaria a vontade da maioria (as vontades da maioria dos indivíduos) em detrimento da vontade comum. A vontade dos indivíduos que compõem a sociedade é de aumentar sua riqueza pessoal. Mas, a vontade geral é a vontade de criar uma sociedade igualitária e sustentável com o mínimo de conflito e de injustiça. A maioria será atendida confiscando-se e redistribuindo-se a propriedade dos ruivos, mas a vontade geral é atendida deixando os ruivos terem suas propriedades em iguais condições que todo mundo.

Rousseau considerava o governante como um agente do povo, e não como seu mestre. No entanto, ao afirmar que acreditava que todos devem seguir o bem geral, que é estabelecido pelo governante, por vezes foi acusado de validar o totalitarismo e a tirania. Mas ele afirmava que como o soberano só pode impor normas em nome da vontade geral – ou seja, em direção ao que é bom para todos – não lhe é permitido ser um déspota, pois não existe separação entre o que o soberano ordena e os interesses de seu povo.

Rousseau insistia que seu plano social só funciona em pequenas cidades-estado como aquelas da Grécia Antiga. Este é um problema em um mundo que abrange grandes estados-nação, e mesmo impérios. No final de *O contrato social*, Rousseau pergunta: "O que deve ser feito?" A resposta dada por ele é que todos precisam cultivar suas virtudes pessoais e obedecer ao Estado de direito. A resposta que o povo francês deu, e que os governantes pela Europa temiam, foi depor o Estado de direito na esperança de instituir algo melhor.

"Forçados a ser livre": punir aqueles que não obedecem às leis estabelecidas para o bem geral é, nos termos de Rousseau, forçá-los a serem livres.

Revolução!

Uma das questões-chave em Filosofia Política é em que circunstâncias um governante pode ser deposto legitimamente. Aristóteles observou que um tirano, por definição, não está agindo como um bom governante e, portanto, deve abdicar do direito a governar. Essa visão foi retomada por Tomás de Aquino e levada para a Idade Média. Maquiavel tratou de aproximar o governante da tirania, para impedir a revolta do povo. Os verdadeiros filósofos da Revolução, no entanto, prevaleceram no século XVIII – e as revoluções se seguiram.

A vontade individual de ter veículos extravagantes, que consomem muito combustível, está em conflito com a vontade geral de proteger o meio ambiente.

Senso muito comum

Em 1774, o filósofo político Thomas Paine, nascido na Inglaterra (1737-1809) emigrou para a América onde escreveu para a *Pensylvania Magazine* e mais tarde foi editor da revista, tendo publicado um dos primeiros ensaios que exigiam a abolição da escravatura. No início da Guerra da Independência Americana em 1776, Paine publicou anonimamente um panfleto intitulado *Common Sense* em apoio à Revolução. Este recomendava que a América depusesse seus senhores coloniais britânicos e se autogovernasse. Além de detalhar as objeções de Paine a uma monarquia constitucional, o panfleto propunha um método de governo democrático. Paine argumentou contra qualquer posto que fosse hereditário e contra a aristocracia, e dizia que o governo e o *status*

Pesquisas de opinião no Reino Unido exigem repetidamente a volta da pena capital, abolida no século passado, e agora ilegal de acordo com a Carta Régia da União Europeia. Este seria um exemplo de que as pessoas desconhecem sua "verdadeira vontade"?

A REVOLUÇÃO FRANCESA

A Revolução Francesa foi a mais sangrenta dos séculos XVIII e XIX. Os estilos de vida extravagantes da aristocracia, as ideias do Iluminismo sobre igualdade e liberdade e os problemas fiscais na França alimentaram a inquietação entre as pessoas. Em 1789, camponeses famintos e pobres da zona urbana levantaram-se contra as classes governantes e a revolução foi deflagrada, começando com a tomada da Bastilha, em Paris, em julho. Em 1792, a República foi declarada e o Rei Luís XVI foi executado no ano seguinte.

Lutas e dissensões entre os revolucionários marcaram todo o período. Durante 1793 e 1794, Maximilien Robespierre, lider dos jacobinos, chefiou o chamado Reino do Terror em que 40.000 pessoas foram mortas, muitas delas executadas na guilhotina. Os jacobinos caíram em 1795 e o Diretório assumiu a administração da França até o Consulado assumir o controle em 1799, com Napoleão Bonaparte no comando.

> *"Uma estátua de ouro deveria ser erguida em sua homenagem, em todas as cidades do universo."*
>
> Imperador Napoleão Bonaparte da França, em conversa com Thomas Paine

social devem ser separados um do outro. Ele afirmava que a independência das colônias americanas era justificada do ponto de vista moral – e também prático, pois estas poderiam ser autossuficientes.

Depois do êxito da Guerra da Independência, Paine foi primeiro para a França e depois para a Inglaterra. Respondendo a *Reflexões sobre a Revolução na França* (1790), Paine produziu seu tratado seminal sobre a democracia, *Os Direitos do Homem*, em 1791. Nele, afirmou que todos os homens nascem com direitos iguais, mas como vivemos socialmente nem sempre podemos defender nossos direitos ou evitar violar os direitos dos outros. Ao estabelecer um Estado e uma Constituição, podemos codificar nossos direitos como civis, possibilitando que eles sejam defendidos e cumpridos em nosso favor. Na visão de Paine, a única forma de governo aceitável moralmente é uma república democrática em que os cidadãos votem para escolher seus líderes. A Inglaterra e a França, ele afirmava, tinham Constituições imorais, pois este direito era negado aos cidadãos. Essa justificativa era suficiente para as populações destes dois países deporem seus governos, afirmava.

> *"O maior charlatão que já exitiu."*
>
> Thomas Paine, comentando sobre o Imperador Napoleão Bonaparte

Neste cartoon *de James Gillray, Paine tem um pesadelo em que três juízes carregam rolos de papel relacionando acusações e punições.*

O governo britânico imediatamente acusou Paine de traição e, como ele tinha fugido para a França, a incipiente revolução foi debelada. Paine foi bem recebido na França e ganhou uma cadeira na Convenção Nacional, mas o país ainda era um Estado volátil, e ele mais tarde foi preso por ordem de Robespierre. Ele só escapou da execução devido à queda do próprio Robespierre, que ocorreu logo após a prisão de Paine. Paine voltou para a América em 1802, mas sua rejeição da religião organizada e da ideia de um Deus vingativo tornou-o extremamente impopular nos Estados Unidos, que eram profundamente cristãos, e ele morreu na obscuridade.

A "HIENA DE SAIA"

Com o pensamento afinado ao de Thomas Paine, Mary Wollstonecraft (1759-1797) foi uma das poucas filósofas influentes que viveram antes do século XX. Ela poderia ser objeto de um bom relato sobre o porquê de tão poucas mulheres tornarem-se filósofas.

EDMUND BURKE, *REFLEXÕES SOBRE A REVOLUÇÃO FRANCESA* (1790)

O filósofo e estadista irlandês Edmund Burke (1729-1797) declarou que a Revolução Francesa seria um fracasso desastroso, pois suas bases não levavam em conta a natureza humana. Ele pronunciou-se contra o Iluminismo e as ideias de Hobbes, dizendo que a sociedade deveria ser conduzida como um organismo vivo – infinitamente complexa e exigindo o engajamento compassivo – e não deveria ser reduzida a um conjunto de normas. Ele promoveu a lenta mudança constitucional para introduzir direitos e liberdades específicos em vez da derrubada radical por meio de uma revolução em nome de Direitos e Liberdade abstratos. Com presciência considerável, ele previu que a revolução na França levaria à discussão entre facções até surgir um general como líder e encaminhar-se para a tirania.

Seu texto famoso *Vindication of the rights of woman* (*Reivindicação dos direitos da mulher*, de 1792), iniciou o movimento feminista. Wollstonecraft foi uma filósofa de talento. Seu primeiro ensaio foi sobre os direitos dos homens.

Respondendo às *Reflexões sobre a Revolução Francesa*, de Burke, seu texto *Reivindicação dos direitos do homem* alegava que a população tem o direito de remover um rei e que a escravidão e o tratamento dado aos pobres em sua época eram imorais. Ela pedia a dissolução da monarquia e o fim do poder da Igreja, os quais considerava opressivos. Para Mary Wollstonecraft a educação era o foco da reforma: as práticas educacionais de seu tempo, disse ela, não preparavam as mulheres para participarem como cidadãs e nem para aplicarem suas habilidades, mas apenas para serem ser-

Burke previu que um "general popular" apareceria como "o dirigente da assembleia [francesa revolucionária], o dirigente de toda a república". Napoleão assumiu o poder em 1799 e foi declarado imperador em 1804.

Trezentos anos à frente de seu tempo, Paine defendia a existência de um imposto sobre a riqueza herdada e este deveria ser usado para prover um sistema de assistência social que amparasse os necessitados.

vas decorativas dos homens. Ela deplorava a maneira como as mulheres (e os homens) prestavam atenção apenas à aparência das mulheres e encorajavam outras mulheres a serem dóceis e fazerem casamentos que são, de fato, uma "prostituição legal":

"Tenho analisado vários livros escritos sobre educação e observei pacientemente a conduta de pais e a direção de escolas; mas, qual tem sido o resultado? Uma profunda convicção de que a educação negligente de minhas colegas é a maior fonte do sofrimento que eu deploro."

Wollstonecraft foi inflexível em sua posição de que a subjugação das mulheres é prejudicial aos homens e também às mulheres, pois reduz a razão, o conhecimento e a virtude disponíveis que poderiam beneficiar a sociedade como um todo. O mau tratamento das mulheres, argumentava ela, encoraja-as a serem dissimuladas, as rebaixa, cria discórdia em casa e perpetua os valores errados que são passados para seus filhos. Ela alegava também que, se as mulheres não tinham direitos, elas também não podiam arcar com responsabilidades; os direitos vêm com as responsabilidades, e não podemos ter um sem ter o outro.

Se Wollstonecraft não tivesse morrido aos 38 anos, apenas dez anos após dar à luz a sua filha, a Filosofia feminista poderia ter progredido muito mais rapidamente do que aconteceu. A filha sobreviveu – chamada Mary Wollstonecraft Shelley, e foi autora de *Frankenstein* (1832).

Matemática social

Apesar da reivindicação de Burke por um governo baseado nas emoções humanas, no final do século XVIII registrou-se um movimento que se aproximava de uma abordagem quase mecanicamente matemática à sociedade e à construção do direito. Tanto o texto seminal do capitalismo quanto o desenvolvimento do utilitarismo pertencem a esse período.

A MATEMÁTICA DO DINHEIRO

Exatamente ao mesmo tempo em que Paine incitava a revolução com seu panfleto *Common sense* o filósofo escocês Adam Smith (1723-1790) assumia a visão oposta e apoiava o *status quo*, justificando as desigualdades no sistema político. Conhecido atualmente como o teórico da economia predileto da primeira ministra inglesa Margareth Thatcher, Smith publicou o tratado seminal sobre capitalismo, *A riqueza das nações – uma investigação sobre sua natureza e suas causas*, em 1776.

Mary Wollstonecraft foi a primeira filósofa de peso da era moderna.

Smith defendeu uma economia de livre mercado e estava convencido de que as consequências não pretendidas de ações intencionais beneficiam a sociedade. Com isto, ele queria dizer que ao servir aos próprios interesses as pessoas atendem, não intencionalmente, aos interesses da sociedade como um todo. Por exemplo, suponha que um homem decida montar um negócio de vendas de hortaliças de porta em porta. Ele faz isso porque quer ganhar a vida e ser o seu próprio chefe. Mas, existem benefícios não intencionados para outras pessoas: os clientes não precisam ir até as lojas ou ao mercado; os produtores beneficiam-se pois ele compra o que eles produzem; quando o negócio expandir e ele tiver empregados, oferecerá empregos à comunidade. Em uma economia de livre mercado, esses benefícios

> *"As mulheres civilizadas do século atual, com poucas exceções, são ansiosas apenas para inspirar o amor, quando deveriam acalentar uma ambição mais nobre, e exigir o respeito por suas capacidades e virtudes."*
>
> Mary Wollstonecraft, *Reivindicação dos direitos da mulher* (1792)

O ESPÍRITO DAS LEIS

Em 1748, o francês Charles de Secondat, Barão de Montesquieu, filósofo político, analisou estruturas políticas e isolou três, cada uma inspirada por um espírito ou princípio:

- Para repúblicas democráticas e aristocráticas, o princípio é o amor à virtude – a disposição para colocar os interesses da comunidade à frente dos interesses privados. (Uma república aristocrática é aquela em que o poder é restrito a poucos, como as famílias nobres que têm direito a voto na República Veneziana. Uma república democrática permite que todos votem – ou pelo menos todo homem.)
- Para as monarquias, o princípio é o amor à honra – a busca da posição e do privilégio.
- Para o despotismo, o princípio é o medo.

Se o princípio não for forte o suficiente para sustentar a ordem social, o sistema político cairá. Montesquieu disse que os ingleses não conseguiram manter uma república sob o comando de Cromwell porque faltava-lhes amor à virtude.

não intencionais só ocorrem se o serviço de venda de hortaliças de porta em porta for realmente bom para a comunidade local. Se poucas pessoas quiserem esse serviço, o negócio dele não terá sucesso, ou ele terá de adaptá-lo para se adequar às condições de mercado.

Isso parece ser muito razoável, mas não é fácil ver onde estão os problemas. As pessoas vão consumir um número finito de vegetais e, se estão comprando desse homem, não vão comprar de outra pessoa; logo, outros vendedores de hortaliças vão sofrer em detrimento da concorrência. Não existe solução simples.

A filosofia de Adam Smith não estabelece provisão para os perdedores da concorrência no livre mercado – perdedores estes que antes estavam em fábricas e fazendas do Ocidente, ou em plantações do sul dos Estados Unidos (que usavam escravos como mão de obra), agora estão nas fábricas de potências econômicas emergentes e nas fazendas da América do Sul, África e Ásia. *A riqueza das nações* continua sendo uma das obras mais importantes e influentes de filosofia econômica e política da História do pensamento ocidental.

UTILIDADE E UTILITARISMO

A crença de que as "consequências não pretendidas de ações pretendidas" beneficiarão imensamente a sociedade influenciou os filantropos industriais dos séculos XVIII e XIX e as ideias de filósofos como Jeremy Bentham. Bentham desenvolveu o princípio da "utilidade" – a ideia que a humanidade é motivada pelo desejo de buscar o prazer e evitar a dor. Ele aplicou isso à ciência política, traçando planos para uma sociedade e um código jurídico baseados na oferta do maior bem (prazer) para o maior número de pessoas. Em *Uma introdução aos princípios da moral e da legislação* (1789), o primeiro documento a descrever o utilitarismo, Bentham explicou que a legislação deveria tentar harmonizar os interesses da sociedade com aqueles dos indivíduos que perseguem sua própria felicidade.

Bentham foi um grande reformador, e fez campanha para muitas causas liberais. Estas incluíam a abolição da escravatura e de todas as formas de punição física, a promoção da igualdade social para as mulheres, a descriminalização da homossexualidade consensual e o fim da crueldade animal. Algumas ideias eram realmente pioneiras para sua época – seu ensaio sobre homossexualidade só foi publicado em 1931.

Bentham ficou mais famoso por projetar um presídio chamado de "Panóptico", onde os prisioneiros podiam ser vigiados pelos guardas o tempo todo (*veja* o painel na página 186). Supunha-se que essa visão estimulasse os prisioneiros a se comportarem bem, e, portan-

O teórico da economia Adam Smith ainda exerce influência sobre a política fiscal, duzentos anos depois de sua morte.

to, promoveria um bem maior para um número maior de pessoas: se eles fossem obedientes, não seriam punidos e não teriam que suportar a dor. Com a punição, pretendia-se reformar o criminoso e esta era cuidadosamente calculada de modo que suas consequências no longo prazo seriam um aumento líquido do prazer, ou seja, a longo prazo, alguém que recebesse um castigo e por isso corrigisse sua conduta, teria um saldo final de prazer maior que se não tivesse recebido o castigo e alterado sua conduta.

Ao colocar a moralidade em uma posição muito prática e quantitativa, Bentham concebeu um algoritmo para calcular se uma ação ou regra proposta é boa ou não. Ele o chamou de "cálculo hedonista" (*felicific calculus*, literalmente, "cálculo de geração de felicidade"), e envolve uma classificação de 12 dores e 14 prazeres. Ele o descreveu em *Uma introdução aos princípios da moral e da legislação*. Para cada ação, precisamos considerar os prazeres e dores que resultarão dela, levando em conta sua intensidade, duração, certeza, proximidade da ocorrência (quando o prazer ou o sofrimento ocorrerão), fecundidade (a chance de a sensação ser seguida pelo tipo oposto) e a extensão (quantas pessoas são afetadas).

> *"A tarefa do governo é promover a felicidade da sociedade, através da punição e da recompensa (...) Na mesma proporção que um ato tende a afetar a felicidade, este ato tende a ser pernicioso, assim será aplicada a punição exigida."*
>
> Jeremy Bentham, *Uma introdução aos princípios da moral e da legislação* (1789)

O livre mercado de Adam Smith produziu as "consequências não pretendidas" da pobreza e privação extremas, as práticas de exploração da mão de obra, vidas miseráveis e a degradação dos pobres da classe trabalhadora urbana, frutos da Revolução Industrial.

Bentham queria que a calculadora fosse usada para reformar o direito penal.

Problemas para Mill

Bentham não faz distinção entre felicidade e prazer, e trata os prazeres e as dores (sofrimentos) como grãos que são comparáveis quantitativamente – ambas visões que são criticadas por seu sucessor, John Stuart Mill. Como Rousseau, Bentham subordinou o bem do indivíduo ao bem da sociedade de forma que, se essa ideia fosse ampliada de

PANÓPTICO DE BENTHAM

O projeto de prisão concebido por Bentham consistia em um anel de celas em vários níveis, dispostas em volta de uma torre central de vigia. As celas têm vidro na frente. O ocupante da torre de vigia pode ver dentro das celas, mas o interno não consegue ver a torre de vigia. Michel Foucault descreveu isso como "uma máquina para dissociar a díade 'ver/ser visto": nos aneis periféricos todos são totalmente vistos sem nunca verem; na torre central, vê-se tudo sem ser visto". E era uma máquina – uma máquina que delegava observação ao observado. Bentham desenhou-a baseado no princípio de que a vigilância deveria ser visível e inverificável. Os prisioneiros têm ciência de que poderiam ser vistos o tempo todo, mas não sabem quando eles estão sendo realmente vigiados. O efeito é o mesmo que se eles fossem vigiados o tempo todo, pois os prisioneiros passam a controlar seu próprio comportamento.

Planta Baixa

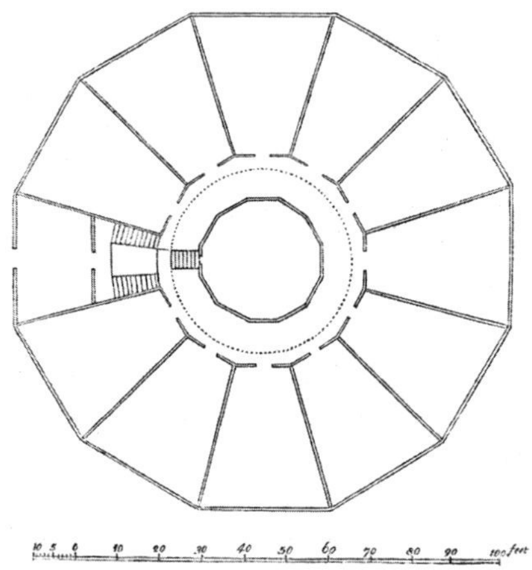

maneira lógica, ela poderia implicar o sacrifício de um indivíduo para o bem de muitos. Este foi um problema que Mill tampouco resolveu ao prosseguir o desenvolvimento do utilitarismo.

O "processo mnemônico" de Bentham resumia "todo o tecido da moralidade e da legislação": intenso, longo, certo, rápido, frutífero, puro – Tais marcas perduram nos prazeres e nas dores.
Busque tais prazeres se seu objetivo for particular; se for público, deixe-os prolongar.
Evite tais dores, qualquer que seja sua visão:
Se a dor vier, não deixe que ela tire do prazer as cores.

Mill concordava com Bentham que a ação moral deveria maximizar o prazer e minimizar o sofrimento, e que esse objetivo poderia nos orientar na escolha de como devemos agir.

John Stuart Mill dizia que o prazer não pode ser reduzido a uma mera análise quantitativa sem levar aspectos qualitativos em conta. Nem todo sofrimento ou prazer é igual – o sofrimento de perder um animal de estimação não é o mesmo que o de perder um pai – e mesmo a forma como o sofrimento e o prazer são "classificados" varia entre os indivíduos. A calculadora da felicidade de Bentham não podia ponderar adequadamente essas distinções. Mill também insistia que alguns prazeres têm mais valor

A crença de que ser observado leva as pessoas a policiarem seu próprio comportamento originou os circuitos fechados de televisão e câmeras de vigilância.

do que outros. Ele achava que era necessário distinguir entre prazeres "superiores" e "inferiores" no cálculo utilitarista.

Embora Bentham não tivesse interesse particular em direitos individuais, Mill adotou uma visão liberal radical. Não seria necessário, achava ele, que nós analisássemos cada mínima ação da vida cotidiana para escolher a opção que gerasse a maior felicidade para o maior número de pessoas. Somente quando existem pontos de escolha moral que precisamos apelar a esse método para decidir entre diferentes ações possíveis. Ele defendia os direitos do indivíduo contra o Estado, mesmo que o governo fosse eleito democraticamente, manifestando-se a favor das liberdades pessoais. Em *Sobre a liberdade* (1859), Mill alegou que "o único propósito para o qual o poder pode ser exercido corretamente sobre qualquer membro de uma comunidade civilizada, contra a sua vontade, é evitar causar mal aos outros".

UTILITARISTAS MODERNOS

O autraliano Peter Singer (nascido em 1946), filósofo que estudou a moral, é um utilitarista dos tempos modernos, promovendo o que ele chama de "utilitarismo de preferência". Enquanto o utilitarismo clássico compara a moralidade da escolha de ações calculando o que traz mais felicidade para o maior número de pessoas, Singer determina a moralidade de uma ação pelo grau de satisfação dos desejos e preferências. Ao fazer um julgamento, devemos examinar os interesses de todos os envolvidos e afetados, e escolher o curso que satisfaz o maior número e frustra a menor quantidade de desejos e preferências. Tudo parece bastante justo, mas Singer leva seus argumentos a tal ponto que muitos os consideram extremos.

Para Singer, a vida, em si, não vale a pena. Precisamos levar em conta a qualidade de vida, inclusive a capacidade de uma pessoa vivenciar o prazer e a autorrealização e evitar o sofrimento. Em alguns casos, a conclusão poderia ser que não vale a pena viver. Então, ele aprova o suicídio, o aborto, a eutanásia voluntária e mesmo a involuntária, quando o sujeito é incapaz de tomar uma decisão por razões físicas. Ele alega que bebês com sérias deficiêncas deveriam ser mortos até 28 dias de vida, pois não existe diferença filosófica entre abortar um feto e matar um recém-nascido. Ele permitiria essas mortes, se fosse do interesse dos indivíduos afligidos e/ou da família.

Mas, nem tudo é crueldade e matança. Ao mesmo tempo, ele considera moralmente indefensável que os animais não tenham os mesmos direitos concedidos aos humanos, pois eles também são seres sensíveis, capazes de sentir dor. Ele rejeita toda a crueldade praticada com os bichos, inclusive a pecuária industrial e os experimentos com animais, vendo-as como manifestações de "especismo" comparáveis ao racismo e ao sexismo.

Isto não significa que os animais sejam inerentemente "iguais" aos homens (da

> *"A natureza colocou a humanidade sob a governança de dois mestres soberanos: sofrimento e prazer (...) Eles nos governam em tudo o que fazemos, em tudo o que dizemos, em tudo o que pensamos: todo esforço que podemos fazer para nos livrar de nossa subjeção servirá apenas para demonstrar e confirmar isso. Em outras palavras, um homem pode fingir abjurar seu império, mas na realidade ele permanecerá sujeito a ele o tempo todo."*
>
> Jeremy Bentham, *Uma introdução aos princípios da moral e da legislação* (1789)

mesma forma que todos os homens não são iguais em termos de suas qualidades individuais), mas os bichos devem receber igual consideração.

A preferência de Singer pelo utilitarismo também pode ser aplicada à ética da distribuição da riqueza. Ele começa com o pressuposto de que "o sofrimento e a morte pela falta de alimento, abrigo e assistência médica são péssimos" e alega que se podemos evitar o sofrimento e a morte em um lugar, sem causar maiores danos a outro lugar, então, devemos fazê-lo. Ele usa a analogia de ver um afogamento: se víssemos uma criança se afogando, correríamos até a lagoa para salvá-la, mesmo à custa de estragar nossas roupas e sapatos: a perda das roupas e dos sapatos é um mal muito menor do que a morte de uma criança. A distância entre nós e o sofredor não tem relevância; logo, se estamos em posição de aliviar o sofrimento, devemos fazer isso. Segue-se que, se perdemos um par de sapatos para salvar uma criança do afogamento em uma lagoa bem à nossa frente, então, "se pelo custo de um par de sapatos podemos contribuir para um programa de saúde em um país em desenvolvimento que tenha boas chances de salvar a vida de uma criança, devemos fazer isso".

Rumo ao comunismo

Muitos filósofos envolveram-se intelectualmente com as Revoluções Francesa e Americana, comentando e encorajando ambos os lados, mas dois filósofos alemães e teóricos sociais do século XIX tiveram um impacto ainda maior na política. Os dois homens, Karl Marx e Friedrich Engels, talvez tenham feito mais para definir o mundo que qualquer outro pensador político, pois seus escritos não só foram debatidos como também adotados por revolucionários e colocados em ação.

MARX-*UND*-ENGELS

Marx e Engels trabalharam juntos e frequentemente fala-se deles unidos como uma dupla de filósofos inseparável, Marx-*und*-Engels (em alemão, "Marx-e-Engels"). Karl Marx é conhecido como autor de *O capital: crítica de economia política* (1867-1893), mais conhecido como *O capital*, e Engels, por *A condição da classe operária na*

> Princípio da "maior felicidade" de Mill
>
> *"As ações são certas na proporção em que tendem a promover a felicidade, erradas se tendem a produzir o inverso da felicidade. Por felicidade queremos nos referir ao prazer e à falta de dor; por infelicidade, a dor e a privação do prazer."*

Dale Farm, um local para viajantes no Reino Unido que foi esvaziado por oficiais de justiça em 2011. Residentes locais protestaram com frequência contra as propostas para construir locais permanentes para abrigar viajantes. Um princípio utilitarista diria que o desprazer da grande comunidade local supera o prazer do pequeno número de viajantes abrigados lá. Mas, o contra-argumento ressaltaria que a ampliação de tal princípio privaria os viajantes de um lugar para viver.

Inglaterra (1845). Juntos, Marx e Engles escreveram *O manifesto comunista* (1848). A inspiração filosófica mais visível em suas obras é a de Georg W. Hegel, que lhes forneceu a noção de "dialética". *Grosso modo*, a dialética investiga a verdade através de um processo iterativo (isto é, frequente e repetitivo – não confundir com "interativo") de propor teses opostas por antíteses, culminando na apreensão de uma síntese, que, então, se torna a nova tese. Mas, enquanto a dialética de Hegel era dirigida a uma verdade absoluta relacionada ao espírito, Marx-*und*-Engels desenvolveram o chamado "materialismo dialético", que não se direcionava a nada imaterial, mas apenas com realidades físicas e concretas. Isto pode soar mais complexo do que é: Marx-*und*-Engels simplesmente queriam dizer que repetir um padrão de conflitos (na forma de luta de classes) levará inevitavelmente à estrutura social "correta".

O livro de Peter Singer, Liberação Animal *(1975) alega que a crueldade com os animais é moralmente injustificável.*

Para Marx-*und*-Engels, a condição fundamental da humanidade é a necessidade

> *"Se possuir um grau maior de inteligência não dá direito a um ser humano de usar outro para seus próprios fins, como pode dar direito aos humanos de explorar não humanos?"*
>
> Peter Singer, *Animal Rights and Human Obligations* (1989)

de converter a matéria-prima do mundo natural em bens necessários para sobrevivência. (Por exemplo, explorar metal do solo e transformá-lo em colheres, carros e outros objetos úteis.) Como resultado, o meio de produção, ou o controle sobre ele, determina a forma da sociedade:

"O moinho manual gera uma sociedade com um senhor feudal; o moinho a vapor, uma sociedade com o capitalista industrial."

Marx-*und*-Engels viam a história política como padrão de oposição na forma de luta de classes, com uma estrutura social substituindo outra. Os senhores de terras criados pelo feudalismo opunham-se às classes médias que emergiam, gerando uma nova classe econômica de industriais capitalistas (a síntese). A nova tese do capitalismo era, então, desafiada pelas classes trabalhadoras descantadas (o proletariado). O resultado inevitável disso, diziam eles, é o comunismo. O argumento em defesa do comunismo não se baseava em julgamentos éticos sobre o que é certo. Em vez disso, o comunismo era o meio mais eficiente de prover os bens necessários para a sobrevivência e, portanto, era o resultado natural das condições econômicas.

Enquanto Hegel viu as mudanças na ideologia e no entendimento humano como as propulsoras de alteração social e política, para Marx-*und*-Engels a mudança social e econômica abria novas formas de pensar. Isso é consistente com a visão de Marx da relação entre a mente e o mundo externo. Ele não via a mente como um sujeito passivo no mundo externo. Marx compartilhava a visão de Kant de que a mente está ativamente engajada com os objetos de conhecimento. Mas ele foi além de Kant, sugerindo que tanto a mente quanto o mundo se adaptam continuamente, e que organizamos nossa experiência de modo a torná-la útil para a nossa sobrevivência. Por essa razão, Marx não acreditava que as estruturas sociais poderiam ser mudadas de cima para baixo – de nada valeria que pensadores políticos da elite viessem com ideias para a reforma. Na visão dele, a sociedade só pode mudar realmente de baixo para cima – quando os trabalhadores têm ciência da situação opressora em que se encontram e se rebelam contra ela. A forma de pensar só muda depois que a sociedade muda.

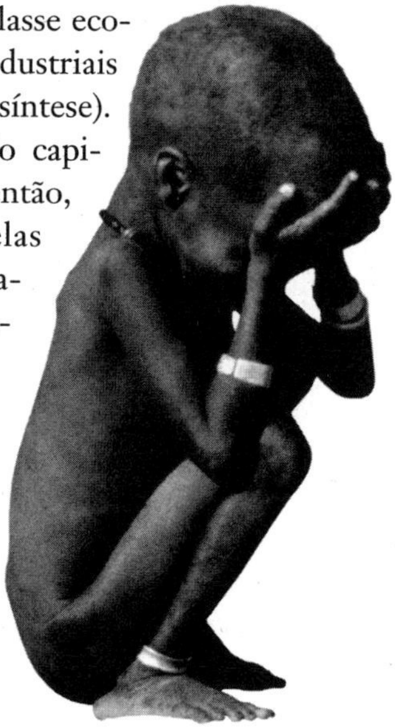

Que defesa moral existe para não *dar recursos para programas de ajuda externa?*

> *"Os filósofos apenas interpretaram o mundo, o que importa é transformá-lo."*
>
> Karl Marx, *Teses sobre Feuerbach* (1845)

Karl Marx nasceu na Prússia em 1818, mudou-se para Paris em 1843, mas foi exilado em 1849, passando o resto de sua vida em Londres.

Consequentemente, Marx não achava possível prever a forma que o comunismo assumiria – isto só poderia ser descoberto depois de uma revolução social e econômica. Diferentemente de muitos de seus contemporâneos, Marx-*und*-Engels não de--ploraram a existência do proletariado, procurando maneiras de tirá-lo da equação (como tem acontecido em grande escala com a mecanização e a informatização). Em vez disso, eles acreditavam que quanto maior fosse o proletariado, mais cedo a revolução viria. As condições deploráveis que o povo estava suportando o levaria a perceber que a mudança era necessária. Isto aconteceu tanto na Rússia quanto na China, no século XX, com consequências desastrosas: milhões de pessoas morreram. Ainda é muito cedo para dizer qual será o resultado da deterioração das condições de vida do proletariado e das classes médias no século XXI.

Contracomunismo

Os capitalistas governantes não eram favoráveis à ideia de que os trabalhadores podiam se levantar e depô-los. O trabalho do economista inglês John Maynard Keynes (1883-1946) pareceu oferecer uma maneira de evitar que isso acontecesse. De acordo com a teoria econômica keynesiana, uma recessão na economia é um problema do curto prazo que resulta da falta de demanda. A recessão pode ser resolvida se o governo aumentar os gastos públicos para estimular a demanda. A intervenção do governo podia levar a uma economia de livre mercado estável que impedisse o colapso do capitalismo e o subsequente surgimento do comunismo. Este é o oposto da abordagem defendida por Smith e Stuart Mill, que acreditavam que, se a ordem econômica puder tomar seu curso natural, elas se moverá para o bem-estar máximo, tanto do indivíduo quanto da sociedade.

Durante a Revolução Russa, em fevereiro de 1917, o governo autocrático do czar foi deposto após a revolta dos trabalhadores.

Grand Duchesses Maria, Olga, Anastasia e Tatiana Nikolaevna em um cativeiro na Rússia, 1917. A Revolução Russa derrubou os Romanovs e executou a família toda levando à fundação de um estado comunista.

A REVOLUÇÃO LEVADA A EXTREMOS

É tão difícil encontrar uma estrutura social e política justa e funcional que algumas pessoas consideraram isto impossível, e uma tentativa em vão, e gostariam de acabar com todas as estruturas. O pensador e revolucionário russo Mikhail Bakunin foi o primeiro filósofo verdadeiramente anarquista. Ele exigia a anulação de todos os estilos de autoridade externa, a começar por Deus, dizendo que as pessoas deveriam se autogovernar totalmente:

"A liberdade do homem consiste apenas nisso, que ele obedeça as leis da natureza porque ele mesmo as reconheceu como tais, e não porque elas lhe foram impostas externamente por qualquer estrangeiro ou o que seja, humano ou divino, coletivo ou individual." Mikhail Bakunin, *Deus e o Estado* (1871).

Bakunin concebeu uma forma de socialismo chamada anarquismo coletivo, no qual as pessoas tomariam posse e dirigiriam os meios de produção, a terra e tudo o mais. Elas teriam liberdade de associação e federação. Todos, homens e mulheres, teriam iguais oportunidades de educação e iguais meios de subsistência e de apoio. Os camponeses "ocupariam a terra e tirariam os senhores que vivem à custa do trabalho dos outros". Diferentemente de Marx, Bakunin não excluiu o *Lumpemproletariado* de seu modelo – em vez disso, o sucesso deseu projeto dependia deles,

John Maynard Keynes recomendou o aumento dos gastos públicos como forma de tirar uma economia da recessão. Muitas potências europeias adotaram a abordagem oposta nos anos 2010.

A CONDIÇÃO DA CLASSE TRABALHADORA NA INGLATERRA (1845)

O revolucionário comunista russo Vladimir Lenin (1870-1924) descreveu o livro de Engels, *A condição da classe trabalhadora na Inglaterra,* como uma acusação "terrível ao capitalismo e à burguesia (...) repleta de imagens autênticas e chocantes da miséria do proletariado inglês":

"Que segurança o trabalhador tem de que amanhã poderá ser a vez dele? Quem lhe assegura o emprego; quem assegura que, se por qualquer razão ou mesmo que não haja razão nenhuma, seu patrão o dispensar amanhã, ele pode lutar juntamente com aqueles que dependem dele até encontrar mais alguém para lhe proporcionar 'o pão nosso de cada dia'? Quem garante que a disposição para trabalhar será suficiente para obter trabalho, que a probidade, a dedicação, a parcimônia e o resto das virtudes recomendadas pela burguesia são realmente o seu caminho para a felicidade? Ninguém. Ele sabe que tem alguma coisa hoje e que não depende dele nem mesmo se ele terá algo amanhã."

Friedrich Engels

pois eles não tinham a mínima ligação com o modelo burguês.

Com certa presciência, Bakunin viu que o marxismo não traria bons resultados, se implementado. Embora ele e Marx compartilhassem o mesmo objetivo, Bakunin queria que este fosse atingido pela revolta do proletariado, por seus próprios meios, e tal destruiria todas as estruturas sociais impostas, enquanto Marx queria agir em nome do proletariado, criando um Estado que colocaria, em teoria, seus interesses em primeiro lugar. Bakunin objetou:

"Na realidade, isto seria para o proletariado um regime de quartel, sob o qual os trabalhadores e as trabalhadoras converteriam-se em uma massa uniforme, levantariam, adormeceriam, trabalhariam e viveriam ao ritmo dos tambores."

NO FINAL, TUDO É TOTALITÁRIO

Como alguns têm comentado, no fim, a revolução comunista levou a estados totalitários que não deram aos trabalhadores mais liberdade do que os estados totalitários de direita. Em ambos os casos, o Estado como entidade por seu próprio direito teve precedência sobre os indivíduos que o abrangeram. É contra este pano de fundo, de um mundo devastado pelo fracasso do totalitarismo, que os filósofos da segunda metade do século XX tentaram recompor uma relação mais humana entre Estado e indivíduo.

Noam Chomsky, cientista cognitivo e filósofo americano (nascido em 1928), considera que existem apenas certas estruturas políticas que somos capazes de suportar. Rejeitando a ideia de que as primeiras experiências ou condicionamentos determinam o que aceitaremos no futuro, Chomsky pensa que nossa condição como seres livres (nosso desejo de termos livre escolha de nossas ações e de nosso modo de vida) é um aspecto inato da mente humana. Qualquer estrutura política que tente negar isso ou reprima o indivíduo está fadada ao fracasso.

> **"FILOSOFÊS": *LUMPEMPROLETARIADO***
>
> O *lumpemproletariado* é, na definição de Marx, a classe mais baixa dentro das massas. Inclui aqueles que se recusam a trabalhar e os que não podem trabalhar por motivo de doença ou deficiência física:
>
> "Vagabundos, soldados expulsos, ex-detentos, escravos fugitivos das galés, chantagistas, saltimbancos, pedintes, punguistas, trapaceiros, jogadores, cafetões, donos de bordéis, carroceiros, poetas, tocadores de realejo, trapeiros, amoladores de facas, soldadores, mendigos – em suma, toda a massa indefinida, desintegrada."
>
> Karl Marx, *O dezoito brumário de Luís Bonaparte* (1852)

"Essa coisa de sociedade não existe"

Em 1987, a primeira ministra britânica Margaret Thatcher declarou: "Essa coisa de sociedade não existe". As palavras dela eram uma extrapolação extrema da Filosofia Política de Robert Nozick (1938-2002). Em 1974, o filósofo americano defendeu os direitos individuais, seguindo a máxima de Kant: "Aja de modo a tratar a humanidade, seja através de sua própria pessoa ou de outras, sempre como um fim e nunca apenas como um meio." Contudo, ele não interpretou isso como Kant pretendia, tornando esta máxima na base de um total desmantelamento libertário da autoridade de estruturas sociais.

Em *Anarquia, Estado e utopia* (1974), Nozick alegou que todos os indivíduos são "donos de si", todos os direitos individuais – sobre a mente, corpo, capacidades ou bens – devem ser considerados direitos de propriedade. Esses direitos são absolutos

A economia keynesiana veria os gastos do governo aumentar durante uma recessão para incentivar os mercados.

Tanto na URSS quanto na China, os militares tornaram-se uma parte importante do regime comunista.

e não podem ser sobrepostos pelo Estado ou por qualquer outra autoridade coletiva. Logo, se um Estado de bem-estar social tirasse dinheiro em impostos seria roubo institucionalizado, e a taxação progressiva seria uma forma de trabalho forçado. Mesmo que o Estado seja sancionado democraticamente, é uma violação dos direitos individuais tirar tempo, dinheiro ou trabalho dos cidadãos. Nozick propôs um Estado de "vigia" minimalista que protegesse seus cidadãos da violência e obrigasse o cumprimento de leis que controlassem a aquisição justa e a transferência de propriedades. Outras funções assumidas frequentemente pelo Estado, entre elas a educação, assistência médica e seguridade social, deveriam ser deixadas a empresas privadas e instituições de caridade.

O desenvolvimento socioeconômico seria impulsionado pelo livre mercado, não regulado por controles de aluguel ou por acordos de salário mínimo, ambos os quais violam os direitos do indivíduo. Em vez da justiça distributiva, Nozick preferia a "justiça de direito": não haveria ativos públicos a serem distribuídos, e um indivíduo deveria ter direito a qualquer coisa adquirida justamente. A "justeza" da aquisição seria definida por um conjunto complexo de normas que as controlariam, junto com as transferências.

Alguns aspectos da Filosofia Política de Nozick foram vistos favoravelmente por políticos de direita da década de 1980 – mas

> *"Ele me chamou de idealista sentimental e estava certo; eu o chamei de homem vão, pérfido e esperto, e eu também estava certo."*
> Bakunin, ao conhecer Marx (1844)

> *"Tudo dentro do Estado, nada fora do Estado, nada contra o Estado."*
>
> Ditador italiano Benito Mussolini (1883-1945)

nem todos. Ele (Nozick) via a criminalização da prostituição, do suicídio e do uso de drogas como violações dos direitos dos indivíduos fazerem o que quiser com seus corpos.

O *antifundacionalista* Richard Rorty (1931-2007) defendia a limitação do papel do Estado a um mínimo que simplesmente protegesse as pessoas da crueldade ou de pobreza extremas. Ele achava que existem, em termos práticos, limites em relação à maneira como a política antifundacionalista poderia ser implementada e esperava que, com imaginação e criatividade, as pessoas fossem capazes de "descrever um futuro em termos não usados no passado".

No futuro

Agora, vivemos naquele futuro em que o Estado faz pouco para intervir e não é respeitado por parte das pessoas.

Friedrich Nietzsche observou, mais de um século atrás, que historicamente são os fortes que passam a dominar

A necessidade de certo grau de liberdade pessoal deve pôr fim a todos os regimes opressivos, mais cedo ou mais tarde. Segundo Chomsky, os homens têm uma intolerância inata a regimes opressivos e estes nunca conseguem subjugar completamente a mente de seus cidadãos – sempre haverá os rebeldes.

na sociedade: os autorrealizados, aqueles capazes de controlar suas paixões e canalizar a "vontade de exercer o poder" transformando-a em uma força criativa. Segundo Nietzsche, eles têm o dever moral de ajudar o mais fraco:

"O homem de virtude, também, ajuda os infelizes, mas não, ou quase não, por pena, e sim impelido por uma necessidade que é gerada pelo excesso de poder." Nietzsche, *Além do bem e do mal* (1886).

Tem havido um período de humanitarismo entre americanos bilionários, com alguns dos mais bem-sucedidos doando grandes somas para apoiar as artes, pesquisas médicas ou educação, em suas próprias comunidades e em outras partes do mundo. Mas, em geral, um Estado minimalista não tem funcionado. A boa vontade de uns poucos indivíduos não é suficiente, e a distância entre ricos e pobres continua crescendo.

"FILOSOFÊS": LIBERTARISMO

O **libertarismo** é um termo usado de diferentes formas, mas, em geral, aplica-se a uma crença na liberdade inata dos indivíduos e na redução ou remoção do Estado. O anarquismo é o libertarismo extremo.

TUDO VALE NO AMOR E NO BASQUETE

Nozick ilustrou o conceito de justiça de direito usando o exemplo de um famoso campeão americano de basquete, Will Chamberlain.

Suponha que todas as pessoas nos EUA comecem com uma quantia igual de dinheiro. Eles podem escolher gastá-lo como quiserem. Chamberlain diz que ele só jogará basquete se cada membro do público pagar 25 centavos a ele, por jogo. No final da temporada, um milhão de pessoas pagaram para vê-lo jogar; logo, ele tem 250 mil dólares. Chamberlain agora é muito mais rico que todos os que lhe pagaram. Mas ele tem direito ao dinheiro, pois cada pessoa o pagou de livre e espontânea vontade, ciente da situação, e todos os que não concordaram ficaram com seus

25 centavos. Qual pode ser a desculpa para tirar parte do dinheiro de Chamberlain e distribuí-lo? Se a primeira distribuição foi justa (quando todos pagaram a mesma quantia), certamente a nova distribuição de riqueza ainda é justa?

Protesto silencioso e pacífico na Grécia, em 2012, em resposta à introdução de medidas de austeridade extrema do Estado. Muitos viam essas medidas como intervenção tardia do Estado e punição das vítimas, em vez de autor do mau gerenciamento em uma economia global de livre mercado.

Sociedade e Sociologia

O filósofo francês Auguste Comte (1798-1857) foi o primeiro a aplicar os métodos científicos ao estudo de pessoas e sociedades. Este estudo se baseou na "estática e dinâmica" da sociedade e levou à moderna disciplina da Sociologia.

Inícios turbulentos

Da estática, a ciência das forças em equilíbrio, Comte concluiu que nenhuma parte do "consenso social" pode ser mudada sem afetar o todo: condições econômicas, culturais e sociais, todas têm efeito umas sobre as outras. Da dinâmica, a ciência da mudança, ele entendeu que o desenvolvimento da sociedade reflete o desenvolvimento do progresso intelectual; as ordens sociais passaram progressivamente pelos estágios de teocracia, monarquia e anarquia e espera-se que estabeleçam uma nova ordem social guiada pela ciência. Ao tentar encontrar um lugar para o importante papel que a religião e a ideologia desempenham na coesão social, Comte passou a se considerar como o sumo sacerdote de uma nova religião da humanidade.

Consciência pública e pessoal

Um sucessor natural de Comte nasceu um ano depois da morte dele. O sociólogo francês Émile Durkheim (1858-1917) mostrou como todas as sociedades humanas são ligadas e organizadas por normas morais. Em seu livro *A Divisão do Trabalho Social* (1893), ele realizou uma investigação histórica, analisando como as normas morais operam nas sociedades. Como Comte, Durkheim sentia a necessidade de abordar a mora-

lidade como ciência, a fim de embasar sua investigação, e usou a metodologia científica para analisar as estruturas sociais por ele tratadas. Constatou que à medida que as sociedades evoluem de um estado "primitivo" (como ele chamava) para um "moderno", existe uma mudança da consciência coletiva para a consciência individual e para normas morais. Para ele, as sociedades tradicionais tendem a ser religiosas e a maioria das pessoas compartilha os mesmos valores morais, com base em sua fé comum. Qualquer violação das normas costuma ser condenada e pode ser punida. Com a evolução das sociedades, o apego a essas crenças religiosas enfraquece, a moralidade diverge e a tolerância aumenta.

Mas, em vez de ver isso como a fragmentação da consciência coletiva, Durkheim via apenas como uma expressão dela: a consciência coletiva tolera a individuação. A individuação é o processo pelo qual os indivíduos desenvolvem diversas crenças independentemente de qualquer autoridade moral dominante. O que surge é "o culto ao individual" – um novo código moral que enfatiza o direito dos indivíduos a desenvolverem-se de acordo com suas próprias crenças. Como afirma Durkheim, em *A divisão do trabalho social* (1893):

"Da mesma forma que o ideal das sociedades menos desenvolvidas era criar ou manter uma vida que fosse compartilhada ao máximo, em que o indivíduo fosse absorvido, nosso ideal é constantemente tornar nossas relações sociais mais igualitárias, a fim de assegurar que forças socialmente úteis emanem livremente."

A conclusão surpreendente é que o individualismo não reflete uma erosão dos velhos valores morais na sociedade, mas uma expressão de novos valores morais.

O filósofo americano John Rawls disse que a tomada das terras dos nativos da América do Norte mostrou a inobservância da justiça de direito; sendo assim, a terra deveria ser devoldida a eles.

Estes seguem a divisão do trabalho. As sociedades modernas não mantêm uma ordem econômica estrita e simples, mas têm relações econômicas diversas, baseadas em crenças e valores diversos. Logo, o "culto do indivíduo" é um novo código moral que reflete uma nova ordem econômica e social.

Durkheim achava errado ver o culto do indivíduo como o culto do ego interessado apenas em si mesmo. Um grupo de indivíduos egoístas não poderia formar uma sociedade, e a sociedade moderna só funciona porque existe um reconhecimento universal dos interesses dos outros e da diversidade de interesses. Esse reconhecimento é demonstrado na importância que damos à igualdade e aos direitos.

A justiça como equidade

Desde Platão, os filósofos políticos procuraram conceber um sistema político ou judicial que lhes parecesse justo, ou que eles acreditassem que evoluiria ou, ainda, que já evoluiu naturalmente. Mas, no século XX – finalmente, podemos dizer – alguém questionou as bases empregadas para escolhermos o melhor sistema de governo e leis. Tudo bem um Nietzsche ou um Locke decidirem o que é melhor para todos, ou o proletariado escolher o que é melhor para si e derrubar a ordem existente, mas isso leva a um sistema que está de acordo com a visão de um determinado segmento da sociedade, sejam camponeses ou filósofos. O filósofo americano John Rawls (1921-2002) desenvolveu um método para conceber uma sociedade justa que seja bela por sua simplicidade e pareça ser infalível.

Rawls foi um dos filósofos políticos mais importantes do século XX. Sua teoria da "Justiça como Equidade" atualiza o contrato social, protegendo os direitos individuais e promovendo a justiça distributiva

Em Liberalismo Político *(1993) Rawls descreveu como o liberalismo político podia criar um "consenso sobreposto", encorajando as pessoas a concentrarem-se na "razão pública" que as unia, e não nas diferenças e tradições que podiam dividi-las.*

ao mesmo tempo. Ele parte do que chama de "posição original". Isto requer que as pessoas trabalhem por trás do "véu da ignorância" para decidirem o que é justo. Elas precisam determinar seu sistema de justiça e a estrutura social sem saber que posição, como indivíduos, vão ocupar na sociedade: se serão os trabalhadores mais servis ou se farão parte da classe governante. Nesta situação, as pessoas tendem a adotar o que Rawls chamou de "estratégia máxima" – um conjunto de princípios que seria o ponto de partida justo para todos, a fim de assegurar que eles próprios não sofram quando entrarem na sociedade mais tarde. Estes são: "Os princípios que as pessoas racionais e livres, preocupadas em promover seus próprios interesses aceitariam em uma posição inicial de igualdade, definindo os fundamentos dos termos de sua associação."

Rawls acreditava que as pessoas chegariam a dois Princípios de Justiça. O primeiro (da Liberdade) estabelece que "cada pessoa deve ter um direito igual ao modelo mais geral de liberdades básicas, compatíveis com um modelo semelhante de liberdade para os outros". Essas liberdades básicas incluem a liberdade de expressão, de reunião, de pensamento e consciência, e o direito de manter propriedades pessoais. Não incluem as "liberdades" clássicas, como estar livre do desemprego, da exploração ou do medo.

O segundo Princípio (da Justiça) é apresentado em duas partes. Para começar, todos devem ter iguais oportunidades para obter empregos ou posições de poder, e isto envolve igualdade de educação. A segunda parte deste Princípio afirma que a desigualdade só é aceitável se elevar o nível absoluto dos mais desvaforecidos. Ninguém deve esperar maiores recompensas simplesmente porque tem sorte de ter nascido talentoso.

Rawls reconhecia que os dois Princípios podiam trabalhar um contra o outro, portanto, ele tornou o Princípio da Liberdade mais ou menos absoluto – ele deve ter precedência, exceto em situações de baixo desenvolvimento econômico.

Ele recusou uma aplicação internacional do "Princípio da Diferença", alegando que os países, diferentemente dos indivíduos, não tinham direito a esperar compensação pela falta de recursos naturais. Ele não aceitava o argumento apresentado pelo americano teórico político Charles Beitz (nascido em 1949) de que a desigualdade global, como a desigualdade doméstica em sua teoria original, só podia ser justificada quando atendesse aos interesses dos mais pobres.

CINCO SISTEMAS POLÍTICOS

Em 1971, Rawls avaliou cinco sistemas políticos tendo como referência seus *Princípios de justiça e liberdade*.

- Capitalismo *laissez-faire*
- Socialismo de Estado com economia centralizada
- Capitalismo de bem-estar social
- Democracia de cidadãos-proprietários
- Socialismo de mercado

Inicialmente, ele achava que apenas os dois primeiros eram impraticáveis, mas, em 2001, sua experiência dos EUA nas décadas de 1980 e 1990 o levou a rejeitar o capitalismo de bem-estar social também. Somente a democracia de cidadãos-proprietários ou o socialismo de mercado permanecem.

CONCLUSÃO

No fim do DIA

"O objetivo da Filosofia é começar com algo tão simples que não pareça ser digno de menção, e concluir com algo tão paradoxal que ninguém irá acreditar."

Bertrand Russel,
A Filosofia do Atomismo Lógico (1918)

"Acho que somos todos filósofos, e que aqueles que se descrevem como filósofos simplesmente não têm de ir para o emprego todo dia."

Kevin Warwick (citação de 2004)

A Boca da Verdade: na Itália, durante o Renascimento, os cidadãos podiam colocar as denúncias de que outros cometeram crimes em "bocas" dedicadas a diferentes tipos de delitos.

Decompondo a teia da Filosofia

Para o filósofo pós-estruturalista Jacques Derrida, francês nascido na Argélia, os significados das palavras são fluidos e subjetivos. Para todo indivíduo, uma palavra ou enunciado tem o sentido que é captado a partir da história e da experiência pessoal, de conotações não conhecidas pelo falante original, ou não acessíveis a ele. A rede de associações de uma palavra estende-se além do tempo e do espaço público ou pessoal. A falta de sentido objetivo tem um impacto particular quando discutimos conceitos metafísicos como *self* e "virtude". Uma palavra como *self* implica, necessariamente, seu oposto, o "outro". Derrida afirma que o conceito de *self* é uma construção linguística sem necessidade metafísica ou ontológica. É claro que um filósofo que desmantela a linguagem está serrando o próprio galho onde está sentado. Ele não tem nada a oferecer no lugar da linguagem e não tem como justificar sua autoridade, pois caiu em descrédito.

Acusado de assassinar sua namorada Reeva Steenkamp em 2013, Oscar Pistorius "não queria atirar em sua namorada; ele queria atirar em um desconhecido que teria invadido sua casa", segundo declarou seu advogado. Matar a pessoa errada é uma defesa moral? Importa que pessoa é morta? Isto dá a entender que uma vida vale mais que outra?

As aplicações da Filosofia

A Filosofia é uma área em que é possível que nunca concordemos quanto às respostas "certas". Enquanto as questões em outras disciplinas podem ser respondidas com evidência empírica – por exemplo, que o DNA é o meio de herança biológica, ou que os terremotos são causados pelo movimento de placas tectônicas –, a Filosofia tem uma qualidade diferente. A prova de que a realidade existe, por exemplo, sempre se parecerá, para algumas pessoas, com uma ginástica intelectual tola: elas sabem que a realidade existe porque a estão vivendo, e isto é suficiente. Em termos da vida cotidiana, evidentemente, isto *é* suficiente. Mas existem aplicações da Filosofia que dão respostas para inúmeras questões importantes.

Os direitos e responsabilidades individuais, assim como a confiabilidade do conhecimento, são importantes na jurisprudência, por exemplo. Costumes e relações entre pessoas são importantes na legislação. Questões éticas são cada vez mais frequentes na Ciência e na Medicina. Se a neurologia mostra agora, no limite de suas possibilidades, que o que pensamos como sendo o livre-arbítrio não é tão livre assim, isto terá implicações em relação a como deveremos lidar com o crime. E atitudes perante Deus – quer acreditemos em um, quer Ele seja o Deus ou os deuses que os outros acreditam – ainda geram guerras e violência no mundo.

Mesmo em nossas relações do dia a dia com outras pessoas, o engajamento com a Filosofia pode nos levar a uma posição mais séria e, talvez, mais consistente. Que direitos e responsabilidades sentimos ter em nossas

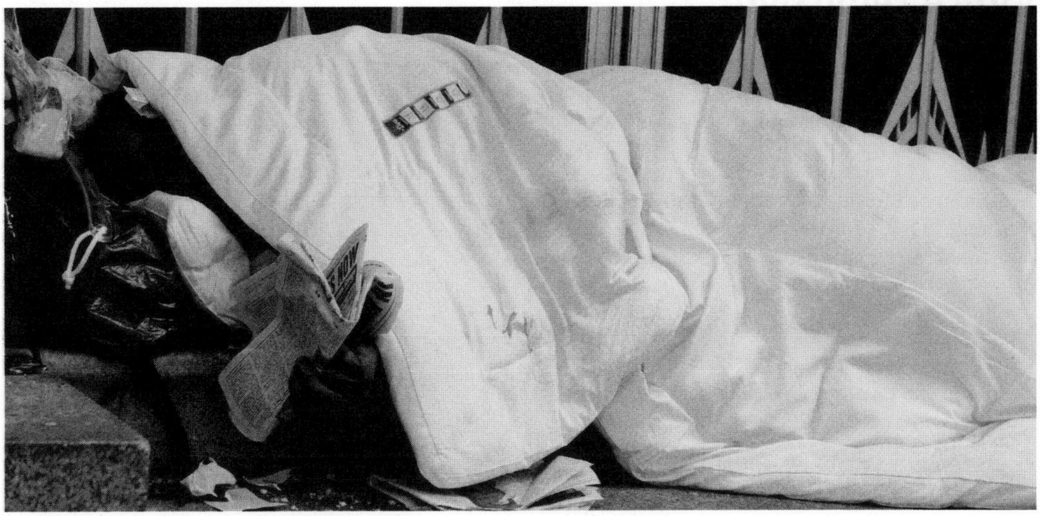

Em 2001, a constatação de que o sistema de saúde nos EUA penalizava os pobres levou o filósofo John Rawls a rejeitar o capitalismo do estado de bem-estar social por ser impraticável.

relações com parceiros, pais e filhos? Que decisões somos livres para tomar?

Para cada um, as perguntas sobre como levamos nossas vidas, e que buscas valem a pena fazer, são algumas das que devem ser respondidas – grande parte de nós buscamos a "ideia pela qual posso viver e morrer", de Kierkegaard. As respostas vão diferir, mas isto não importa. Afinal, a Filosofia é uma busca pessoal válida para todas as pessoas que pensam.

A Filosofia não precisa ser uma disciplina arrogante e inacessível. Richard Rorty (1931-2007) acreditava que os filósofos desenvolveram uma opinião pretensiosa demais sobre si mesmos e suas atividades. Ele depreciava as partes mais esotéricas e complexas da Filosofia, dizendo que não existem, *a priori*, verdades filosóficas a serem descobertas. Ele pensava que a sociedade seria melhor se aprendesse sobre a humanidade e a moralidade lendo romances que lendo Filosofia, e a forma tradicional da Filosofia deixou de ter utilidade. É claro que isso não foi bem recebido por outros filósofos profissionais, e ele foi acusado de abandonar a Filosofia, e até mesmo de se tornar um antifilósofo. Como Jacques Derrida, ele preparou sua própria forca. Mas, uma lição útil pode ser aprendida disso – e é algo que Bertrand Russell disse. Russell passou a maior parte de sua carreira filosófica trabalhando em lógica e Matemática, mas no final da vida interessou-se mais pela ética e a política. No entanto, ele negava que este fosse trabalho de um filósofo. Talvez tenha sido seu trabalho filosófico mais importante:

"Sobre essas questões, eu não escrevi usando minha experiência como filósofo; escrevi como um ser humano que sofria com a atual condição do mundo, desejava encontrar uma forma de melhorá-lo e estava ansioso para falar com clareza aos outros que sentiam o mesmo que eu."

Índice remissivo